云南百位历史名人传记丛书

中共云南省委宣传部◎编

云南出版集团
云南人民出版社

图书在版编目（CIP）数据

花潮歌者——李广田 / 张维著. -- 昆明 : 云南人民出版社, 2016.4

（云南百位历史名人传记丛书）

ISBN 978-7-222-14331-9

Ⅰ. ①花… Ⅱ. ①张… Ⅲ. ①李广田（1906～1963）－传记 Ⅳ. ①K825.6

中国版本图书馆CIP数据核字(2016)第062048号

出 品 人：李 维
　　　　　刘大伟
责任编辑：赵 红 朱 原（特邀）
装帧设计：马 滨
责任校对：赵 红
责任印制：杨 立

书名 花潮歌者——李广田
作者 张 维 著
出版 云南出版集团 云南人民出版社
发行 云南人民出版社
社址 昆明市环城西路609号
邮编 650034
网址 http：//ynpress.yunshow.com
E-mail ynrms@sina.com
开本 889mm×1194mm 1/32
印张 6.125
字数 80千
版次 2016年4月第1版第1次印刷
印刷 昆明卓林包装印刷有限公司
书号 ISBN 978-7-222-14331-9
定价 24.00元

如有图书质量及相关问题请与我社联系
审校部电话0871-64164626 印制科电话0871-64191534

云南百位历史名人传记丛书

# 编委会名单

# 总　序

丛书编委会

历史长河浩浩荡荡！中华文明自滥觞至汇聚千流，涵纳万水，奔腾迭起，云蒸霞蔚，延五千年之长史，至今生机勃然，是迄今世界上唯一保持完整且衍传有序、光耀于人类的伟大文明。

习近平总书记指出：一个国家、一个民族的强盛，总是以文化兴盛为支撑的。中华民族是具有非凡创造力的民族，我们创造了伟大的中华文明，实现中华民族伟大复兴的中国梦，必须弘扬中国精神。以爱国主义为核心的民族精神，以改革创新为核心的时代精神，是兴国之魂，强国之魂。

云南，是祖国西南神奇、美丽、富饶的宝地，是中华文明中极具特质和创造潜力的丰美之乡。云南少数民族文化是中华民族文化的重要瑰宝。长期以来，云南大地上，各民族和睦与共，相濡相生，共同创造了色彩瑰丽、形态多元、底蕴厚重、影响深远的历史文化，为我们留下了珍贵的精神遗产。人，是历史的镜子，是历史最生动的环节，人民是历史的主人和创造主体。在人类历史的进程中，一个个不同时期的代表人物产生过一些不同的影响。“云南百位历史名人传记丛书”就是这样一丛历史的记录，一百位历史名人，虽未必尽能概全，各位历史人物的代表性也不尽相同，但都是“追梦人”，是振兴民族伟大理想的传薪人、探索者和实践家。

在这些代表人物中，无论是拓土开疆的将帅勇者，还是蹈海酬志的大国使节；无论是志于传播文明的鸿儒巨擘、先哲贤士，还是为民族独立解放而高歌猛进、慷慨捐躯的群雄英杰，都贯注了这一重要精神。正是以他们为代表的云南各族人民创造并抒写了可歌可泣的英雄史章，熔铸了坚韧不拔、奋为人先、包容博大、敢于担当的精神品质，才使云南在中华文明的长史中闪耀着特有的光辉。尤在近代中国，在辛亥护国风云中，在反对外辱保卫祖国边疆维护民族尊严、抗击日本法西斯侵略中，云南站在历史前台，以中华群雄的不屈身影演出了一幕幕豪迈悲壮的历史大戏，也更涌现了一批足以彪炳史册、光照后人的杰出人物。这一切，给予中国历史进程深远的影响。

今天，实现中华民族伟大复兴之梦，谱写富民强滇中国梦的云南篇章，需要以中华文化发展繁荣为重要条件，这就需要接续这一光荣而伟大的精神传统，在继承中创新，在创新中发展，在发展中超越。云南正处于一个新的历史起点上，需要大力挖掘历史文化资源，聚合更强大的精神动力，为推动我省科学发展、和谐发展、跨越发展凝心聚力。为此，我们组织省内外专家学者编写出版了“云南百位历史名人传记丛书”。这对加强我省各族人民，尤其是青年一代对历史的了解、认同，爱国爱乡爱民并甘于奉献，对提升优秀精神品质，形成团结奋斗的共同的思想基础，坚定推进富民强滇的信心和决心，显然有着重要的现实意义和切实的助力。

一百位历史人物，所处历史时期并不相同，其历史作用也有差异，甚至就个人的全面历史评断方面也难以等量趋同。但我们以为这些留存史迹的人物，所以传扬至今，为后世崇奉，均有他们共同的历史向度和价值取向，我们学习这些历史人物，至少应当着重于以下几个大的方面，即：“守大德、重大义、集大成、有大度、达大观”。

守大德，即恪守道德规范。“德者，本也。”（《礼记·大学》）“大德”既是国家民族的根本利益所在，也是中国文化中最核心的价值理念及标准。古语“行德则兴，背德则崩”，不仅是资政经验，也是个人修习完善的根基。所谓“厚德载物”，直观的理解，就是如果德行浅薄，是不能兴物成事，更不能造就伟大功业的。云南历史文化名人，大多以德立身，大节不移，并对此恪守坚定，一以贯之；始终保持正确信念和理想，并为之奋斗到底。这是我们首先要学习尊崇的。

重大义，即以国家民族利益的需要为个人行为取舍的标准。有大义，才有大爱。这些先贤无不爱云南爱乡土，以兴业乡梓、造福一方为己任。尤在国家民族命运攸关、生死存亡的关头，这些令人崇敬的先辈，大义擎天，逢难不避，敢于担当，责无旁贷，勇往直前，不惧牺牲。一个心存天下大公的人总会在不经意的一瞬决定大义的选择，这是社会进步的希望所在，更何况实现中华复兴的伟大梦想，还有很多异常艰危的事业在等待我们去克难攻坚。所以，举凡大义、为民为国、全身而进的精神是我们应当效法崇尚的。

集大成，“知类通达，强立而不反，谓之大成”。这些历史人物留下的足迹，予人深刻启迪。他们无论是出将入相，还是布衣一袭，均勤学不辍，求索不止，在追求真理和知识的道路上刻苦务实，义无反顾，永无终期，故能成大器，胜大任，不辱使命。今天，世界进入知识信息时代，软硬实力决定一个国家能否赢得发展机遇，乃至自立于强国之列的地位。其紧迫性不亚于先辈梦想中国富强的百年期许。但今天所谓“集大成”，是更高更大更具有生存挑战性和发展战略性的，是集世界之“大成”，集政治经济、科技文化、制度建设、社会发展等一切领域“总成”，玉成中国梦的空前伟大的事业。所以，先人刻苦自律、博学精进的学习精神我们应当秉持继承。

有大度，即要有开放包容的胸怀。云南历史文化名人的一个共通品质，也是一个显著特点就是，即使身处僻远，总能破除狭隘与陋见，以宏大度量，兼容并包，接纳先进，吸收优异，团结一切可以团结的力量，聚合一切可以聚合的资源，总成一股创造历史的宏大动力，来完成伟大的事业。哪怕是割股舍己，也在所不惜。今天，云南要实现跨越式发展，保持开放包容的胸怀尤其重要。所以，先辈“天下云南”的大度我们应当弘扬光大。

达大观，即要眼观天下，达察全局，与时俱进，审时知变，敢为人先。推动云南社会历史进步的代表人物，无不目光远大，胸怀全局，对世界潮流、时代嬗变，都能审视洞悉，并欣然顺应规律，故能在历史转折的关键时刻做出正确选择，成就改天换地的一番伟业。古语有“小智自私”、“达人大观”，是将为个人谋私的小智谋与担当天下兴亡的大智慧尖锐对比而言的。否则，“其兴也勃焉，其亡也忽焉”。一个为民为国而应用心智的人，必然有达观天下的心怀，也由此激发潜能、超迈寻常，而使人生境界也更加美好而宏丽。遍观世界文明史，许多影响人类进步的伟大创新，正是以此为动力和起点的。今天，中国经济社会的快速发展，国家的日益强大，正为实现中华民族伟大复兴的中国梦开拓了无限广阔的道路，也为个人实现自身价值创造着更加富实的前景。所以，先辈们达观天下的精神我们应当引为楷模。

我们对志向高远、仰观天下、俯察民情、甘为路石、慨当以慷、求真务实的历史名人，心存景仰，并愿与千千万万的读者，尤其是青年朋友一道学习弘扬。

组织编撰“云南百位历史名人传记丛书”是一项重要的文化工程，编撰出版人员都做出了艰苦的努力，但由于众手修书，书稿层次不一，成书体例难以做到完全一致，对存在的不足敬请读者批评指正，我们将虚心接受，并在修订再版时一并吸纳修改完善。

# 目录//MULU

# 目录//MULU

# 目录//MULU

# 引　子

“作为一个人，他太惨了；作为一个文学家，他太冤了；作为一个校长，他实在是太难了。”——这是云南大学第15任校长吴松在纪念第7任校长李广田的百年诞辰时，动情地写下的一段话。的确如此！笔者深有同感。

著名诗人、散文家、文学评论家、教育家李广田是山东人，可我们更愿把他当作云南人。

云南，是李广田的第二故乡。生命历程仅62载的李广田，后半生就有24年的岁月是在云南度过的，而且，最终在“十年浩劫”初期，满怀冤愤地把生命定格在了他曾深深热爱过的云南大地上……

他出生于山东的贫苦农家，凭着坚苦卓绝的努力考入北京大学，经历过抗战六千里流亡，在昆明投身民主运动，1948年在清华大学加入中国共产党，1952年调任云南大学副校长，后升任校长。他热爱教育事业，用诗人的赤诚和热情办教育，深受师生爱戴。他以文学家的独到眼光进行少数民族文学研究，重新整理了撒尼人长诗《阿诗玛》，并担任我国第一部宽银幕电影《阿诗玛》的文学顾问。

可是，在“文化大革命”开始后，李广田却被加以莫须有的罪名，遭到残酷迫害，于1968年11月2日含冤沉水自尽。他以生命为代价表达了对“四人帮”的强烈控诉！他与著名作家老舍一样正直、善良，一样毕生为党忠诚工作，直面邪恶，以死抗争！

曾经非常热爱生活、热爱生命的诗人李广田就这样极无奈地结束了生命。曾经热情讴歌过这个时代“春光似海，盛世如花”的散文家李广田，就这样极悲凉地舍弃了这个时代。李广田的含冤去世，绝不仅仅是个人的悲剧，而是中国知识分子的悲剧！时代的悲剧！

当笔者怀着复杂的心情，追溯老校长李广田的人生历程和文学成就时，诗人臧克家早年写下的纪念鲁迅的《有的人》一诗，始终萦绕在脑际，久久挥之不去——

有的人活着，
他已经死了。
有的人死了，
他还活着。

## “地之子”

一个作家的出身和童年、少年时代所受的教养及经历，会对作家本人的气质、性格的养成，产生不可低估的作用，进而对作家创作个性的形成及其创作思想发生深刻影响。

李广田是北方农民的子孙。他生长在山东农村，有着热爱大自然的天性，有艰辛的生活经历，有热爱大地的真诚感情。他把大地视为母亲，对大地怀有一种“人子的深情”。他的脚永远坚实地踏着土地，他“永嗅着人间的土的气息”！

## “不朽的地基”

齐鲁大地，自古人才济济，名家辈出。

公元1906年的10月1日，当雄鸡引颈高啼、东方欲晓之际，在山东省黄河南面的济南府属齐东县（后并入邹平县）码头乡小杨庄，一个小生命呱呱坠地了。

这个小男孩降生在并不殷富，却尚能自给自足的一个半耕半读的王姓农家里，上面三个哥哥：锡公、锡侯、锡伯，他是老四，取名锡爵。父亲王者经（字稚泉）是乡村中的文化人，还文绉绉地用宋人吴文英《风入松》词中“西园日日扫林亭，依旧赏新晴”的意思，给锡爵取了个小名“西园子”。父亲眉目清秀，性情温厚，早些年在科举上失败之后，接着就赶上了废科举兴学堂，便跑到东北关外取得了教学堂的资格，在那边做过教书一类的事情。后来回到家乡，当了两年的警察，便自己“解甲归田”，闲居家中。

在西园子快满周岁的时候，按照当地允许的风俗，父母把他过继给了西园子那中年无子的舅父。舅父叫李汉云，是一位勤苦朴厚的农民。于是，西园子改姓了李，并改名为广田，成了李家的儿子。舅父夫妇都是很本分的好人。李广田长大后在《自己的事情》一文中叙说：舅父“识字很少，年青时候作过木匠，中年以后完全业农。母亲不识字，除操持家事外，农忙时也到田间工作。他们终年忙碌、极少闲暇，非至农事十分紧急时，也绝不雇用短工帮忙。他们都是典型的北方农民，忠厚、朴讷、勤劳、节俭，有病不请医生，受欺不敢反抗，除非喜庆丧亡，乡党邻里很少来往。自给自足，与世无争，这是他们的生活理想”。西园子从小就生活在这样的家庭里。过继是过继了，然而，西园子与生父家并不见疏。在稍大一点的时候，西园子便常常往返于两家之间。舅父家所在的草庙头村与小杨庄仅隔四五里地，西园子有时也到生父家住上一些天，调皮而亲热地说生父是他的“王爸爸”，舅父是他的“李爸爸”。

两个村仅离济南城约180里地。济南城的北面，有一条小清河绕城缓缓流过，向东而去，注入渤海之中。黄河与小清河之间是一大片白沙壤的平原土地，为鲁西北冲积平原的一部。就是在这块“湿软软的”、长着“绿绒绒的田禾，野草”的白沙壤地上，西园子度过了他难忘的童年。

这段时间，正好是辛亥革命前后的那些日子。王爸爸对于辛亥革命是极端赞成的。他是在乡间不顾别人笑骂而最先剪去发辫的一个。对于兴办学堂一类事情，他不仅表示满意，而且热心支持，极力赞同。在西园子一再违背李爸爸要他做个好农人的意愿，而执意求学的过程中，是王爸爸一次又一次地支持他，鼓励他一步一步地遍历艰难，上进求学。有了王爸爸如此的鼓励支持，西园子才得以摆脱了做一个“保守住几分薄田”的农人的命运。后来能终于念完了大学，又以独具风格的散文及诗歌创作登上了中国现代文坛。否则，西园子只会成为一个守本分、不求人、一辈子勤苦种田的“齐东野人”，而在中国现代散文家和诗人的名单中，便无论如何也找不到“李广田”这个名字了。

李爸爸和王爸爸是性格、气质和教养都完全不同的两种类型的人。西园子与两个爸爸家的这种特殊关系，使得他就像一株小树同时吸取着两种养料一样，在这两位不同性格的父亲的不同教养之下成长起来。他自己长大成人之后也这样说过：“我的幼年生活完全是在这位勤俭劳苦，而又有点迂直的舅父的影响之下过来的；但同时我又极爱慕我那位喜欢吃酒，喜欢说牢骚话，又喜欢读陶诗的父亲，虽然我同他见面的机会并不很多。我是在这末两种教养之下生长起来的，我常觉得自己的性格中依然存在着这两种性格。”

1921年，15岁的西园子念完了高小，因为家庭贫困，李爸爸不许他再升中学。他的那几位先生看他的性格和天资也很适于读书，一再帮助他向李爸爸请求，才获准到县城去读师范讲习所，而不许去省城读中学，“因为：县城比省城近，师范讲习所比中学年限短，早毕业，可以作小学教员，家庭也早些得到帮助，总之，完全是经济观点。”

这样一来，西园子今后一辈子从事教育这个职业的道路，似乎就从此注定了。

县城的师范讲习所本来应当两年毕业，可是西园子才读了一年半，便被一所县立小学聘去做教员。可是，仅教了一学期的课后，求学心切的西园子不安于现状，没有经过李爸爸的同意，自己跑到省城济南，报考了山东省立第一师范学校。

## 考入山东省立第一师范

1923年的秋天，17岁的李广田如愿以偿，进入了省立一师求学。

除了家庭经济困难这个原因外，前两年县城师范讲习所的学习和半年受聘任教的实践，以及他善良、宽厚的天性，也是让他爱上了教育这门事业而报考省立师范的一个原因。加之省立师范是小学师资的培养所，在当年济南的中等学校中颇有点名气，师资力量很强，所以报考这个学校的青年特别多，李广田也向往着成为这个学校的学生。

就在李广田报考这一年，考生竟有800名之多，可是名额却只限定取40名。不言而喻，能被录取的这40人自然是成绩优秀的佼佼者了。考试放榜了，“李广田”的名字列在了这批佼佼者的名单里。李广田的同班同学中有刘照巽、马守愚等后来的革命志士，还有邓广铭、臧克家等后来的史学家和诗人。学制原来是五年一贯制，从李广田他们这一级开始，改为三三制，即前期师范、后期师范各三年。前期师范相当于初中，后期师范相当于高中。

进入师范了，随着身份的不同，大部分同学都开始注意穿着入时。可是李广田却仍穿着自制的白布袜子、黑布鞋，乡土味很浓很浓。他说话不多，规行矩步，遇事不惊不躁，性情温和，功课优良。在师生心目中，他是一个朴实诚笃、稳重老成的好学生。同学们有事都愿意和他商量，把他看作老大哥，尽管他年纪并不比其他同学都大。更使同学们佩服的是，他虽然性情温和，但却有角棱。碰到不合理的事，他也会激动起来。比如听到有的同学家庭生活的不幸啊，受人欺侮啊，等等，他便会表现出一种由衷的关切和莫大的义愤来。同学们都说他“平和的外表里埋藏着一颗火热的心！”

这一时期，新文学运动可算是最蓬勃的时期。继汹涌澎湃的五四运动洪流的冲击之后，人心振奋，热情荡漾，文学社团层出不穷，各种文艺杂志如雨后春笋，生机蓬勃。语丝社、创造社、沉钟社、狂飚社等团体出版的《创造月刊》《创造季刊》《创造日》《洪水》《语丝》《北新》《莽原》《浅草》《沉钟》等刊物，都是最受青年人欢迎的精神食粮。当时翻译的旧俄与苏联的文学作品，尤其是最好的精神食粮。

在第一师范学校里，整个地说来，文艺空气是很浓厚的。很多同学都如饥似渴地——有的甚至可以说是生吞活剥地——争相阅读新出版的书刊，沉浸在新文学的一片热潮中。学校里还有一份由文学专修科的同学主编的每周出一张的校刊，不少爱好文学的同学纷纷投稿，校刊办得颇有生气。

校长王祝晨先生本来对五四运动就很赞扬，新文学运动在他身上更是发生了很大作用，他变得更积极、更活跃了。王校长是由高等优级师范毕业的，立下了终生为教育献身的志向。他进步开明，学当年蔡元培办北京大学的精神，新旧共蓄，兼容并包。他聘请的教师，大多数都是北大、清华、师大出身，而且大都思想进步。他还邀请名人到学校讲演，启迪学生的心胸，开阔眼界。请过杜威博士，请过周作人讲文艺问题，请来了杨晦先生教文学专修科，还请来了作家王森然，声称还要请王统照先生……整个校园里都弥漫着一种新文学运动的浓郁热烈的气氛。

一些高年级同学还发起成立了一个“书报介绍社”，大量介绍鲁迅、郭沫若的著作和文学研究会、创造社、语丝社、未名社等社团的作家作品，以及苏俄等外国文学作品，书的内容很广泛。“书报介绍社”由京沪等地赊购大批新书，卖出之后又续购新书。同学们对这些书籍可以自己选择。这样，为广大同学提供了相当大的方便，颇受大家欢迎。

这一切，确实给同学们带来了很大影响。很多同学都为新文学的热潮所激动，不少人开始学着写一点东西。大家不但喜爱读文艺书刊，而且对于有名的新文学作家既羡慕又崇拜。

这样的环境，这样的氛围，给了李广田强烈的感染和熏陶，他也扑到了文学海洋中。

山东省立第一师范学校，既是新文化、新思潮吸收传播的一个站口，同时也算得上一个革命阵地。校内革命空气比较活跃，出现了一批接受革命思想的同学。人所共知的共产党员和共青团员就有1921年被学校开除了的山东共产主义小组的创始人王尽美，还有高年级的庄龙甲，李广田同班的刘照巽、孙兆彭、马守愚和低一班的邓广镇等，党派活动是较为频繁的。很多同学关心革命，谈论时事，经常参加革命集会，脑子里逐渐装进革命思想。当五卅惨案发生后，同学们纷纷罢课，涌上街头，参加到济南学生组织的游行示威中。

置身于这样的革命空气之中，在第一师范革命传统的熏陶下，有着穷苦生活经历的李广田也逐渐地接受了一些革命思想。在同班同学中，邓广铭和李广田都与刘照巽相处得很好。也就是在与这些投身革命的同学的相处过程中，李广田不断受到他们影响，渐渐地倾向了革命。升入三年级后，李广田在扑入文学海洋的同时，也在接受革命思想和参加革命活动方面，有了较明显的进步。三年级的下学期，他就态度鲜明地参加到“挽留旧校长，驱逐新校长”的学生运动中。在升入后期师范一年级后的1926年初冬，他又参加到反对张宗昌愚民统治的一次巨大的济南学潮中。之后不久，他怀着青年人前进的热情，加入了共产主义青年团。这在当时那种黑暗的形势下，无疑是需要很大的革命勇气的。当时山东全省的青年团员的总数仅有近三百人。李广田他们这后期师范第一班简称“后一”，由于倾向革命的同学形成了一定的力量，还被有的人加给了一个名字：“红色的后一”。李广田也是这“红色”中的一个进步分子。

李广田还参加到书报介绍社中工作，介绍进步书刊，为同学服务，扩大革命影响。在为同学服务的同

李广田（左立者）1926年与友人摄于济南（李岫　提供）

时，李广田的文学兴趣也与日俱增。他抓紧时间广泛阅读各种书籍，刻苦练习写作，草稿就写了好几大卷，有诗歌、有散文、有小说，他对练习写作差不多到了入迷的地步，简直只恨时间太少，太不够用，真希望能有更多的时间全力以赴地致力于文学。

随着蒋介石对革命的叛变，张宗昌的统治越来越黑暗，越猖獗，对山东共产党和青年团组织的破坏也越来越

严重。白色恐怖笼罩着济南和山东各地。渐渐地李广田思想上出现了一种模糊认识，他误认为“文学”与“革命”是不能和谐的，要革命就无法再搞文学，立志搞文学就难以再革命下去。可他又是多么舍不得文学！几经思想斗争后，加入青年团才半年的李广田提出了退团的要求，潜心扎进了文学堆中，专心于文学的阅读和写作。为了多数人阅读方便，也为了自己阅读方便，他仍坚持办着书报介绍社，想方设法和北京、上海等地联系新书。

1928年3月，因书报介绍社购置的书中有《文学与革命》一书，李广田被张宗昌的宪警逮捕了。他被关在济南东门大街那个监狱里，挨打受刑，吃尽苦头。短短一个来月的牢狱生活，李广田饱尝了人世间的丑恶、污秽和虚伪。5月1日，北伐军占领了济南，张宗昌在头一天北伐军三面包围济南时便弃城北逃了。北伐军进城以后，释放了监狱里的全部在押犯人。这样，李广田也才获得了自由，结束了一个月零五天的牢狱生活。确实可以说，李广田是用他自己痛苦的亲身体验终于“写”完了他入狱前未看完的王尔德写的《狱中记》。此时，书中的这句话在李广田心中留下的印象更深了——“我常常把悲哀当作唯一的真理”。

出狱后，李广田卷起行李回到齐东家里住了三个多月，然后到偏僻的陵县县城的一所小学教了一个学期的书，接着又进曲阜二师附小当了一个学期的教员。渴望深造的李广田，又下定决心跑到北平报考大学去了。

## 北大求学

年轻的乡下人李广田，全凭自己艰苦的努力，考入了北京大学。他热爱文学，在戴望舒和周作人的影响下，走上了文学创作的道路。他整个的大学生活，“几乎就都在练习写作中度过”。

“苍天不负苦心人”。李广田用坚苦卓绝的奋斗，不但生活上度过了无人接济的经济难关，而且学业颇有长进；更重要的是，创作上大有收获，成为文坛上小有名气的诗人和散文家。他继承了“热爱大自然，描写大自然”这一中国文学的传统特点，从《画廊集》这第一个路程碑开始，一步一个脚印，脚踏实地地向着现实主义的文学大道迈去。

## “汉园诗人”

李广田顺利地被北京大学预科录取了。

从1929年的秋天开始，这个23岁的青年的脚下，展开了一条新的生活道路。

北平是古老的。

20年代末30年代初的北平，在经历了20年代中期军阀统治的那种沉闷肃杀的气氛笼罩之后，尽管仍然不失保守之风，但却似乎能够让人们呼吸到稍微安宁静谧一些的空气了。

年轻的乡下人李广田，依靠自己艰苦的努力，曾从他偏僻的齐东乡村走入了省会济南。此时，他又凭着自己顽强的奋斗，迈着勇敢的步子，踏进了有着悠久历史文化传统的、最富有文化教养的、人才汇集的大都会北平，开始接受当时的中国人中只有很少数人能够受到的大学教育。这个充满文化气息的古城，这个五四运动的发源地，李广田是从很早的时候就向往过的呵！

一个乡间青年考上了北京大学，这对穷乡僻壤的“齐东野人”来说，真不啻中了状元！一时间，在齐东，在济南的中小学里，李广田都有点名声远播了。因为这些中小学里的老师，有不少是李广田的小学同学、中学同学，他们绘声绘色地向学生们介绍李广田家境是怎样的贫困，他在学校里是如何的省吃俭用、发愤苦学……这些教师中有几位在讲了李广田勤奋自立的事迹之后，还喜欢趁此机会用“将相本无种，男儿当自强”一类的话，鼓励学生们。诚然，这类话自有一番封建味道，而且李广田也绝非“将相”，但是不管怎么说，齐东“状元”李广田在这些年幼的中小学生心目中，尤其是在一些来自贫苦家庭的少年们的心目中，确实成了一个有鼓舞作用的、富有吸引力的榜样。

老舍先生30年代初在设于青岛的山东大学执教期间，曾在一篇《青岛与山大》的文章中提到“山东精神”这样一个新词儿。老舍先生认为：“‘山东’二字满可以用作朴俭静肃的象征”，“并且”——老舍先生解释说——“这种精神使我们朴素，使我们能吃苦，使我们静默。往好里说，我们是有一种强毅的精神，往坏里讲，有点乡下气。”

李广田正是浑身充满这种“山东精神”的一位山东男儿！正是怀着这种坚苦卓绝的“山东精神”，23岁的李广田，在北平这样一座非常古老，又纵横十里，且不乏美丽的大都市里开始住下来了。

沿着景山前面那条寂寞的大街一直往东走，过了北海南海间的金鳌玉栋桥，走不远一点，就到了沙滩——当时北京大学文学院的所在地，那作为办公室和教室的“红楼”迄今还屹立着（“红楼”现在是国家文物管理局的办公楼）。“红楼”以西一箭之地，便是文学院的“东斋”学生宿舍。这“东斋”已经快要接到景山公园东面的围墙。“红楼”北面越过操场，墙北便是“松公府”的一大片颓垣废井。

李广田就住在“东斋”。每天清晨，同学们总会看到，在“有小树夹道的狭长庭院里，常有一位红脸的穿大褂的同学，一边消消停停地踱步，一边念念有词地读英文或日文书”。这便是文科预科班的学生李广田。

走近一看，人们还会发现，李广田的穿着实在很寒碜。那件蓝色粗布大褂已经洗得发白，好几个地方还缀着补丁，脚上着布袜、布鞋。从全身的装束一看，便知他仍旧没有脱除中学时代的那种“土气”。

常言道：“忧患使人成熟。”的确如此，年轻无助的李广田，没有被贫困压倒。他一面节衣缩食，省吃俭用；一面抓紧分秒，刻苦攻读。本来嘛，他从小就出身农家，生活给予他的，不是贫苦就是艰难。步入大学之前，他早已走过了一条由贫苦和艰难铺成的坎坷道路。他饱尝过生活的苦果，体味过贫困的辛酸。他始终未向贫苦低过头，未向艰难弯过腰。相反，贫苦和艰难有力地磨炼了他，使他变得结实和坚强，使他有勇气有力量去搏击人生道路上的狂风恶浪。

现在，同样地，从小就逐步养成了的这种自强自立的信念，也促使着他顽强地去对付大学生活这一个新的难关。他一边珍惜时间，发愤读书；一边既作为写作练习又作为谋生的手段——他开始向报刊投稿，取得一点稿酬，解决吃饭问题，维持一种最简单水平的生活，使自己得以继续求学深造。

这样的写作练习，对于此时的李广田来说，远远不仅是一种经济观点指导下的权宜之计，更主要的，是在于他已经有着曾被压抑之后又重新培养起来的浓厚的文学兴趣。他的天资与文学尤其接近，此时的他，实在是无法搁下这支写作的笔了。如今，他既有较为丰富的生活经历和感受，又有一定的文化水平的基础，就像既有土地，又有了种子一样，具备了耕耘的基本条件，他立志要在文学园地辛勤地耕耘了。他开始用散文和诗歌来记录下自己的亲身经历和所见所闻，来表现自己的爱憎感情和思想情绪。他在艰难的文学创作道路上起步了。

俗话说："不问收获，只问耕耘。"这话也对。不过，一般说来，只要播下种子，多流汗水，辛勤耕耘，收获就总是会有的。哪怕最初的收获也许相当微薄，或者收获的时候既有谷子也有稗子……总之，会有收获的。

1930年2月27日，进北大预科才半年的李广田在《华北日报》副刊上，第一次发表了两首新诗——《寂寞》和《酒馆里》，署名"曦晨"。这第一次发表诗作，对于年轻的李广田来说，引起了心灵上多么强烈的震动！暗地里，兴奋的泪水模糊了他的双眼……须知这是一个无依无靠、几乎赤贫的青年，背井离乡，求学于千里之外而得到的第一次文学创作的"收获"呵！自己的诗作第一次在《华北日报》这样的大报上得到发表。这本身已经够使一颗热爱文学的心跳荡不已的了；加之还寄来了稿酬，这于生活又大有补益。因此，无论从精神上还是物质上，对于李广田都是一种兴奋剂，尤其是精神上他所得到的鼓励和鞭策，的确是相当大的。

紧接着，《华北日报》副刊又于3月5日、6日接连发表了李广田的两首诗作，一是《夕阳里》，一是《向往的心》。最初的这几首诗作，即是表现作者当时既感寂寞，又含有美丽幻想，而有所追求的那种多感的心情的。因为感受真切，加之文字朴实，不堆砌辞藻，不故弄玄虚，所以能使人读后感到作者真实情怀的流露，从而引起内心的共鸣。李广田最初的这些诗作，初步显示了一种新鲜、朴实、浑厚、亲切的作风。

看着报纸上印成铅字的自己的作品，人们搞文学创作的自信心是会油然增强的。李广田也正是这样，他从此更勤奋地练习起写作来。他的作品不断地陆续出现在《现代》《华北日报》等报刊上。仅仅读预科期间，他在《华北日报》副刊上发表的诗作和散文就有20多篇。他日后坦承："对于这些东西，当然不自满足，但确乎仿佛有了自己的小天地，因此也就忘了外面的大天地，当我关在书房里捉摸自己的情感和文字时，外面的暴风雨却正在进行着。"

1931年秋季，李广田由预科升入了本科英文系（一年后英文系与法文系、德文系合并为西洋文学系）。这时的李广田，创作热情颇为高涨，可以说，他简直把一颗心都贴到了创作上。本来嘛，他就是"为了从事创作"，才进入英文系的。

在英文系，李广田主要学习的是英文、法文，按课程的规定要读莎士比亚，要读狄更斯的小说，要读拜伦、雪莱为代表的19世纪浪漫主义诗歌，要读梅瑞狄斯、哈代、萧伯纳、高尔斯华绥、威尔斯、巴特勒，要读王尔德；要读雨果、卢梭，要读巴尔扎克、司汤达，要读波德莱尔，要读魏尔伦、韩波。从大量接触的这些西方文学作品中，李广田“颇受了西方的尤其是浪漫派、颓废派、象征派之类的影响”——因为他当时的际遇、心境、情绪，与法国19世纪浪漫派、颓废派、象征派诗人们的际遇、心境、情绪有许多相近的地方。

在他们的影响下，李广田在艺术探索的道路上起步了。他潜心于诗歌习作之中，不断地，用心地捉摸着自己的感情和文字，迫切地、努力地寻求着表现自己感情的最好的、最合适的形式。

而此时国内的诗坛上，新诗流派众多。其中，以闻一多、徐志摩为代表的“新月派”、以李金发为代表的“象征派”和以戴望舒为代表的“现代派”都是深受西方唯美主义影响、主张艺术至上的新诗流派。“象征派”的主要代表李金发曾留学法国，深受法国“象征派”的艺术熏陶。李金发的象征派的思想、艺术倾向，影响到以戴望舒为代表的“现代派”。戴望舒早期的诗作也是深受法国“象征派”诗的影响的。1925年，戴望舒在上海复旦大学学法文，能直接阅读法文作品。他直接阅读了魏尔伦、古尔蒙、耶麦等象征派诗人的作品。过去他也曾浏览过其他流派的诗歌，可是象征派重视运用象征和暗示的手法，借助鲜明的形象来表现诗人复杂的内心活动等，却合乎他的口味，符合他的写诗既要表现自己又要隐藏自己的看法，这使他喜爱象征派诗歌，并接受了它的深刻影响。同法国“象征派”那些诗人一样，早期的戴望舒也是一个“除了艺术以外，什么事物都不承认”的唯美主义者。

“新月派”“象征派”“现代派”诗人们的诗作大都是抒发个人的沉哀和烦扰，抒发对现实的绝望、伤感和颓废的情绪，字里行间弥漫着“世纪末”的气氛，但是，艺术造诣却都比较高，写得很有特色，艺术感染力较强，因而对于当时要想回避现实的许多文学青年产生了很大影响。而对于与法国浪漫派、象征派、颓废派“心有灵犀一点通”的李广田来说，则更不啻为可供直接效学的楷模。李广田可谓“如鱼得水”，找到了信奉“唯艺术独有千秋”的国内的宗师，认真地效学起来。无论是在创作态度方面，还是主题表现、题材选择方面，抑或是创作技巧、艺术手法方面，李广田都无不有所借鉴，从中吸取了有益的养分。

而在上述新诗流派代表诗人之中，戴望舒似乎对李广田最具有吸引力。戴诗中那种合乎中国旧诗词主要传统的亲切和含蓄的特点，甚合李广田的胃口。李广田对戴深为佩服，在他的好朋友邓广铭面前一再称道戴望舒“诗的味道最浓，法语水平最高”。李广田身体力行，用心学着戴的风格写诗，开始在以戴望舒为旗帜的《现代》文学杂志上发表诗作了。

李广田早期诗歌中的一些“少年作”，似乎便是在摹仿戴望舒的诗作。因为“构成望舒的诗的艺术的，是中国古典文学和欧洲文学的影响。他的诗具有很高的语言的魅力。他的诗里的比喻，常常是新鲜而又适切。他所采用的题材，多是自己亲身所感受的事物，抒发个人的遭遇与情怀。”（见艾青《望舒的诗》）

这些特色，都正是具有李广田当时那种文学素养、兴趣要求、性格特点、思想感情的人所最易于受到感动产生共鸣、最易于接受学习的。李广田也有着较好的古典文学基础，也喜爱欧洲文学，也好采用“亲身所感受的事物”为题材，也热衷于“抒发个人的遭遇与情怀”……这真是一拍即合，无怪乎李广田对戴望舒热心“摹仿”了！

在《雨巷》诗里，戴望舒创造了一个“丁香”一样结着愁怨的姑娘的象征性的抒情形象，李广田则摹仿《雨巷》写出了自己的《丁香》。在李广田艺术探索的道路上，戴望舒的诗以其综合西方象征派的影响和中国古典诗词的艺术养分而形成的艺术特色，给予李广田早期诗作的影响是较为深刻的，多方面的。

李广田早期诗作主要就是师法戴望舒，其风格与戴望舒诗作的风格是接近的，两者有着许多相通之处：诸如构思的灵巧、精致，选择朴素的题材，比喻的新鲜、贴切，语言风格的平易、晓畅，日常口语的锤炼，自由的节奏和韵律，善用反复的咏唱构成诗意的回旋，等等——这些戴望舒诗作中甚为显著的艺术特色，也几乎都是李广田早期诗作中较为明显的特色。李广田也有点能像戴望舒那样“用精炼而纯朴的手法去抒写他的真情实感，通过浓郁的诗情去开辟通往读者心灵的诗的道路，构成诗的艺术魅力”。（见艾青《望舒的诗》）

李广田的早期诗作既注意真实，也注重想象，确乎如戴望舒所提倡的见解那样：“诗是由真实经过想象而出来的，不单是真实，亦不单是想象。”李广田描写过梦，描写过幻想。幻想与真实之间的联系是微妙的，但也是永远不可缺少的。李广田具有一个能预示今后发展方向的特色（或称之为长处）：和西方的象征派相反，他对现实既不抹煞也不扬弃，超越而不否认。他总是在梦幻与现实间往返，绝不顾此失彼。恰恰是这种取材于现实的能力，引导他最终走上现实主义的道路。

也就是李广田由预科升入了本科英文系这一年，何其芳也升入了本科哲学系。何其芳是一个对诗歌创作有浓厚兴趣的勤奋的青年，正如他自己所说的那样：“最初引诱我走上了写作之路的是诗歌。”而且，也正是诗歌，作为一条纽带，把他同李广田、卞之琳紧紧地联系在一起。他们三人最初就是“以诗会友”而结识的，后来，他们成了终生不渝的挚友。

卞之琳是1930年升入本科英文系的，比本系的李广田和哲学系的何其芳高一级。他与李广田、何其芳最初并不相识，到了1931年以后，彼此读了分别发表在不同刊物上的诗创作，才开始有了来往。

开初，他们三人都是热衷于诗歌创作的。李广田与何其芳在写诗的同时，也写一些散文，虽然写得不很多。卞之琳却是专心致志地写诗。后来，渐渐地，李广田与何其芳都把主要精力转向了散文创作。而卞之琳呢，仍然是坚持写诗，他始终辛勤地耕耘在诗歌创作的园地里。

他们三人在一起无所不谈，可是在文学方面谈得多的不是诗的问题，却是散文问题。他们在互相切磋砥砺中，在彼此的启发下，都注意到散文应该和诗、小说、戏剧一样，是独立、完整的创造，都致力追求艺术完整，倾向于写散文不拘一格。

其中，卞之琳最初也尝试过散文习作，但毕竟他的天赋和兴趣是在诗歌创作上，故未在散文上作更深的追求，“不能耐心”地写下去。他全身心都投入在诗歌创作中，后来成为颇有影响的著名诗人。何其芳和李广田则是由写诗转入了写散文，以诗人的气质写散文，在散文中倾注进不少的诗情、诗艺。他们二人呢，也不尽相同，何其芳“是在为抒情的散文发现一个新的园地”，自觉地为散文创作而努力，在“追求着纯粹的柔和，纯粹的美丽”；李广田呢，却是用山东汉子那种浑厚的声调，低沉地长吟自己的“乡愁”，把他在自己那个“实在太狭，太小，而又太缺少华丽”的“朴野的小天地”里“所见到所感到的都写成文字”。

李广田文学活动的成效是越来越显著了。他的散文作品和诗歌作品越来越多地变成了铅字，出现在《华北日报》《大公报》《文季月刊》等报刊上。

尤其是自沈从文1933年任天津《大公报》文艺副刊的编辑之后，李广田便逐步地跻身进“大公文艺”的班底作家之列。这应该感谢沈从文的慧眼识骏。在编辑文艺副刊的交往中，沈从文赏识卞之琳、何其芳、李广田、萧乾等青年作者的才能，热情提携，创造条件，积极扶掖。上列作者都同被文学界视为由沈从文扶掖起来的新秀作家。他们活跃在《大公报》文艺副刊上。沈从文和这些新秀作家结下了很深厚的编者与作者之间的友谊。

勤奋的写作实践，成就了李广田的文学业绩，使他还在读书期间就成了具有独特风格的青年作家。同时，从经济这个角度而言，勤奋刻苦地写作，也帮助他度过了生活难关。他含辛茹苦地、自强不息地靠稿费维持了大学生最低水平的生活。

《汉园集》是卞之琳与李广田、何其芳在北京大学读书期间诗歌习作的一部合集。这本集子原计划1934年出版。那一年，郑振铎编《文学研究创作丛书》，要收卞之琳一本诗集，并已登了预告。卞之琳正好把何其芳与李广田到当时为止的诗全拿来合编成这本诗集，取了一个有意味的名字：《汉园集》。集子中李广田那一部分诗名曰

“行云集”，何其芳那一部分名叫“燕泥集”，卞之琳那一部分定名“数行集”。可是，这本《汉园集》被商务印书馆拖到了1936年3月才出版。《汉园集》问世后，卞之琳、何其芳、李广田被文坛誉称为“汉园三诗人”。

《汉园集》

大学生李广田的心境是复杂而矛盾的，他那多感的心里，一方面充满了幼稚的苦闷和寂寞的哀伤，另一方面也包藏着渺远的幻想和美好的渴望；一方面对人生蕴含着热爱，另一方面又对人生强烈地不满。在这种复杂矛盾的心境之中，他又念的是西洋文学系，大量地接触了外国文学作品，尤其是欧洲19世纪的弥漫着“世纪末病”的作品。这些作品一方面扩充了他的视野，提高了他的文学修养，但也传染了他悲观、颓丧的气息。他与这些作品中那种由于“对于人生的热爱与不满”而表现出来的情绪产生了共鸣。这些作品中的唯美主义、为艺术而艺术的倾向，也给了他较严重的影响。他把自己关在大学那狭小的、昏暗的宿舍里，捉摸着自己的感情和文字，忘却了外面的大天地，以致时代、形势的急剧变化都没有激起他的多少震动和反响。

然而，难能可贵的一点是，李广田把对故乡的挚爱之情，融入对大地的感情之中，升华为对大地母亲的一种人子似的深情——“我是生自土中，来自田间的，这大地，我的母亲，我对她有着作为人子的深情”。

而最能表露他的心迹的，却莫过于这两行坚实有力、感情凝重的诗句了——

> 但我的脚却永踏着土地，
> 我永嗅着人间的土的气息。

这是一个有意义的、值得注意的进步——这一进步正是促使他在下一时期里发生较大转变的积极因素。这一进步向人们表明：李广田在现实生活的启发教育下，已经初步发现了自己的正确道路，开始向过去那种个人主义的苦闷哀伤、烦悒低回的心情告别，起步向着健康的现实主义大道上跨去。

## 第一个路程碑——《画廊集》

李广田1929年进入北京大学预科班后，做了周作人的学生——这在李广田的文学创作道路上，实在是意义非浅的一个重要机缘！

1929年秋天，北大刚恢复，周作人也回到了北大开办日文预科班，并教其他系学生的日文，开“日本作品选读”课。后来还给国文系开了一门“近代散文”课，讲明清散文。

李广田即跟随周作人学习日语，并听他的“日本作品选读”课，后来又听他的“近代散文”课。李广田曾在《自己的事情》这篇重要的自传材料中自叙：读大学期间，“对于鲁迅的小说虽也喜欢，但受影响最大的还是周作人一派所提倡的散文小品”。

周作人也在实地接触中，逐渐感受到山东青年李广田身上特有的勤奋刻苦，和那种近乎希腊哲人“画廊派”（即斯多噶派）的超绝的坚忍，以及内含的文学天资和散文写作的才华，对李广田渐渐器重起来。于是，他们师生二人间的关系，逐渐向着来往较密切的程度发展了。在30多年后周作人写的《知堂回想录》一书中，还有好几处提到与李广田之间师生交往的记载。

周作人对文学和新文学的很多观点都给予了李广田较深刻的影响，对李广田早期的散文创作，起了很大的作用。

在散文创作上，李广田师法周作人一派的散文；而周作人呢，也颇激赏李广田。周作人在为李广田的第一部散文集《画廊集》写的“序”里，高度赞扬了李广田坚苦卓绝的精神，也体现了周作人与李广田颇厚的师生文谊，表明了他们彼此间近乎一致的文趣。

李广田萌发对日本文学的兴趣，也是与周作人的影响分不开的。周作人是李广田的日语老师，并讲授“日本作品选读”课，给予李广田不少关于日本文学方面的熏陶。李广田甚至还翻译发表过日本的俳句。

李广田之所以对英国文学，尤其是对英国随笔（美文）产生浓厚的兴趣，其中又特别地喜欢玛尔廷、怀特和何德森，进而自己作品的格调都受到他们的有力感染，这都是与周作人自新文学运动以来，对英国随笔（美文）一贯的介绍、提倡，以及对一些英国散文家的推崇、宣传大有关系的。英国的那些随笔作家，“比什么都紧要的条件，就是作者将自己的个人底人格的色彩，浓厚地表现出来”（郁达夫语），这一点，也影响了很多学习英国随笔的作者注意建立自己的独特风格，使自己的散文创作带上自叙传的色彩。

李广田也是这样一个学习英国随笔并注意建立自己独特风格的作者。他身处西洋文学系专攻英文这样的“近水楼台”，又直接受到提倡“美文”的周作人的教诲，所以，他受英国散文的影响之深，则更是不难想见的。

李广田由于自己的出身、经历和气质，以及早在读前期师范时便已从爱罗先珂等人的作品中初步接受了人道主义这样一个思想基础，因而与周作人鼓吹的人道主义精神很能产生共鸣，很能热情接受周作人提倡的“人的文学”“平民文学”等观点。在直接师事周作人所受到的感染熏陶中，他少年时代初步养成的人道主义思想得到了进一步的发展，有力地左右了他自己早期的创作。他密切注视、关心的都是平凡小民，在他笔下活动的，始终都是一些平凡而卑微的小人物。他娓娓地诉说着这些被压在社会底层的“贱民”们的哀怨和悲伤，执着地表达着对这些芸芸众生的同情和挚爱。他写出他们的善良，写出他们的痛苦，写出他们的不幸，写出他们的希望。他对平凡小民们一往情深！在某种意义上完全可以说，李广田早期的散文创作是能够归入“人道主义”文学一流之中的。

在周作人的直接影响下，有着大革命失败后情绪逐渐消极、误以为文学与革命不能和谐这样一个思想基础，并且历来就钦慕陶渊明那种“思想与情怀”的李广田，现在是“‘两耳不闻窗外事’，一心沉醉写作中”了。他把自己关在大学宿舍里，日复一日地捉摸着自己的感情和文字。对于自己写的东西，他“当然不自满足，但确乎仿佛有了自己的小天地，因此也就忘了外面的大天地”。真难怪他自己这样说：“九一八事变当然给了自己一些摇撼，而左翼作家联盟的成立，竟对我毫无影响，至于其他就更不必提了。”（李广田：《自己的事情》）李广田整个的大学生活，几乎就都在练习写作中度过了。

“苍天不负苦心人”。带着满身鲁西平原的那种“乡下气”进到大都市来的李广田，凭着自己特有的坚苦卓绝的精神，不但生活上度过了无人接济的经济难关，而且学业颇有长进。更重要的是，创作上大有收获！

而今，李广田很快就要从堂堂高等学府北京大学毕业了。整个大学期间，他含辛茹苦、呕心沥血地埋头于写作之中，像一个勤劳的农夫不停息地耕耘在土地上一

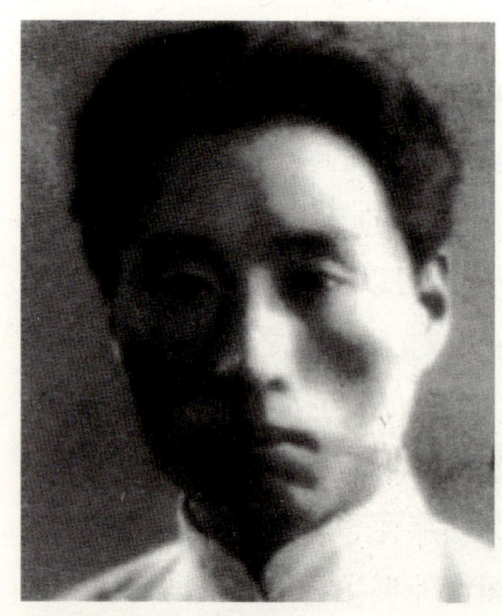
大学毕业时的李广田（李岫 提供）

样。他在文学这块园地里埋头耕耘着，没有娱乐，没有享受，不知流了多少汗水，也数不清度过了多少个不眠之夜……

就在1935年——李广田将要大学毕业这一年的春天，多年的辛勤耕耘将要结出第一个硕果：大学期间的散文习作将得以结集出版了！于是，李广田认真地挑选整理了24篇自己的散文作品结为集子，几番斟酌之后，为这集子起名为《画廊集》。

“画廊集，一个好听的名字！”周作人称赞说，并欣然为集子作序。李广田自己写的题记中这样说道：“像我所写的那个荒僻村落的画廊，像我所说的那座画廊里边的一些平常而又杂乱的年画一样的，是我这些小文章。而且，《画廊》又是我比较最近的一篇东西，今后是不是还写下去呢，如果写下去，是不是会有什么新的变化呢，虽然这时候我也不大知道，然而且以这座‘画廊’作为一个路程碑总是可以的吧。”

的确，在李广田一生的散文创作道路上，《画廊集》不但是“可以”作为，而且也正是“一个路程碑”，并且是第一个路程碑！——这个路程碑表明了李广田是一个多么热爱自然、热爱故乡的大地的儿子！这个路程碑初步显示了李广田那种朴素浑厚、真挚亲切、清淡自然的独特的艺术风格。后来，由于印刷方面的原因，这个《画廊集》到了第二年的春天才出版问世。

《画廊集》

翻开《画廊集》，我们好像感到了玛尔廷、怀特、何德森的格调，似乎悟到了陶渊明的韵味，仿佛看到了周作人的风致，而且，大概也觉到了废名的旨趣；甚至，也许还有爱罗先珂的影子，明人公安派的遗风……是的，这些似乎都有，然而，却又好像都没有！《画廊集》，既不是《道旁的智慧》《塞耳邦的自然史》，也不是《归去来兮辞》，还不是《乌篷船》《鸟声》，又不是《竹林的故事》……《画廊集》就是《画廊集》！就是他——李广田——这样一个齐东乡村农民家庭里长大的，从童年时代开始便受到中国古典文学（尤其是陶渊明的诗、文）熏陶的，接受了爱罗先珂宣传的人道主义思想的，经历过大革命及其失败并坐过监牢的，又以坚苦卓绝的精神考入大学并受到西方文学影响的，而且直接师事周作人与废名并受他们很大影响的山东男儿的心声！“凡他写出来的，多是他自己的”，不再是其他任何人的！

可以说，在《画廊集》里，李广田从小到这个集子结集之时所受到的一切熏陶、感染和影响——包括性格与气质方面的，思想方面的，艺术方面的，兴趣爱好方面的，等等——都完全综合起来了，形成了一个有机的统一体。这个统一体里，有他热爱大自然的天性，有他淳朴浑厚的气质，有他挚爱故乡的感情，有他忠恳执着的性格，有人道主义的思想因素，有艺术上的唯美主义倾向，有“在平庸的事物里找出美与真实”的追求，有像玛尔廷、怀特的文章那样的“亲切之感”，有“田园诗人”的情怀，有周作人散文那样的“平和冲淡”，有废名那样的“对乡村人民美德的赞扬和对痛苦人生的同情”……这一切，都融汇在一起了。是的，就是这一切，熔铸成了李广田这第一个“路程碑”，稳固地立在了他那富有独特创作个性的文学道路的起点上！

有一位外国作家曾这样说过，决定作品能否经受时间考验的，首先是对童年所抱的态度和对乡土的感情。《画廊集》的作者正是以自己对乡土深怀的眷念之情，以对童年时代接触的一切人和事物所怀的深厚感情，使自己的作品去经受时间的考验。

《画廊集》总共24篇文章，都是结构谨严、文字优美的，有一种朴实浑厚、清淡自然的美。其中大半篇幅都是在诉说着乡野的故事，陈列了作者故乡那个荒僻村落的“画廊”里的一些平常而又杂乱的“年画”，有童年的回忆、故乡的风土人情等。如《画廊》《野店》《种菜将军》《枣》《在别墅》《父与羊》等篇章，就像作者在夜深人静之时，低声地同我们诉说前梦，把人们引到了一种和平的空气里，“使人深思，忘记了生活的疲倦，和人间的争执，更使人在平庸的事物里，找出美与真实”。

李广田的《画廊集》及其同期诗作均是一个热爱大自然的“地之子”的心曲。这位“地之子”朴素地把自己的诗、文都化为大自然的一个角落。

整个说来，《画廊集》给我们的就是这么一个印象：朴素、真挚、亲切、浑厚，既“没有什么戏剧的气氛，却只使人意味到淳朴的人生”，“也没有什么雕琢的辞藻，却有着素朴的诗的静美”。由于李广田是以泛爱的精神来观察一切，用了诗人的感觉来体会自然，所以尽管《画廊集》里的篇章有不少零乱琐细的东西，却能令读者不觉其琐碎，只赏其隽永，“不知不觉就会令人喜欢着了”。

《画廊集》作为李广田散文创作道路上的第一个路程碑，表明了他对大自然、对故乡的爱是那么真切，那么纯洁。这种爱能勾起读者蕴藏心底的情思，能引起读者心中深沉的共鸣。歌德曾经这样议论过中国文学：“他们还有一个特点，人和大自然是生活在一起的。你经常听到金鱼在池子里跳跃，鸟儿在枝头歌唱不停，白天总是阳光灿烂，夜晚也总是月白风清。”

热爱大自然，描写大自然，正是中国文学的一个传统特点。李广田继承了这一传统特点，诚挚地热爱大自然，深情地描写大自然，《画廊集》就是大自然的一个角落。从《画廊集》这第一个路程碑开始，李广田一步一个脚印，脚踏实地地向着现实主义的文学大道迈去。

# "山之子"

1935年夏天，李广田从北京大学毕业，与新婚妻子王兰馨回到家乡山东教书，在泰山脚下的泰安三中安了家。

泰山又以它天赋的灵秀哺育了李广田的情思，陶冶了他的性格。他由"地之子"进入了"山之子"的境界。他以"山之子"的心灵，敏锐感受和领悟着泰山的晨风夕雨、天然本色和泰山的风骨。他从中深化了对泰山的认识，懂得了泰山的伟大，进而更加体味到了大地母亲的宏深博大。他用一颗儿子的心写下了多篇歌咏、赞美泰山母亲的散文。他更效法泰山母亲那种屹立于风之晨、雨之夕的坚毅形象，始终保持着一种坚苦卓绝的进取精神，永不停顿地跋涉在生命的长途中。

## 回到山东　执教母校

1935年夏天，李广田从北京大学毕业了。

他结束了学生时代，即将离开古城北平，走向社会，走向生活。此时，他的心情是相当复杂而激动的。就是在这将要分手的时候，他好像才更感到这座古城的可爱与令人留恋，并且还出现了一种生怕这地方将来不幸变成东北失地之续的担忧……几年来，他同多数生活在这由于日本法西斯不断蚕食祖国领土，以至于逐渐变为边陲城市的北平的青年学生一样，若说他们是已经完全忘记了民族的仇恨，或说他们是丝毫不曾感到暴风雨的随时可能袭来，那大概是不够公平的，但若说他们渐为这都市的雍容所涵化，并为一种奇怪的政治情势所逼迫，因而大都怀抱一种无可奈何之感，那可是一点儿也不为冤枉的。李广田心中，正是这样充满了“不能奋飞”的苦闷与忧郁……

在这将要离别北平古城之际，李广田心里复杂的种种情感如同被导火索点燃了一样，一下子爆发了。他和未婚妻王兰馨借了这一次情感的爆发，都不禁失声痛哭起来。

王兰馨是广东番禺人，1934年从北平师范大学国文系毕业，1933年由李广田的好友邓广铭夫妇介绍而认识了李广田。邓广铭的妻子窦金玉是王兰馨在济南女师读书的同学，邓广铭与李广田的深厚情谊自不用说。于是，邓广铭夫妇就为李广田和王兰馨当起了红娘。从第一次见面一起看电影《渔光曲》之后，他俩开始了交往。李广田送给王兰馨的第一件礼物是薄伽丘的《十日谈》。经过一年的交往和了解，双方都觉得自己找到了最合适的伴侣。于是，他俩确定了关系，商量好待李广田毕业后就结婚。

王兰馨出生在清末的一个进士之家，承受了母亲温柔和善的好性格，她的少年时代是无忧无虑地度过来的。没想到，在她差一年就要中学毕业的时候，父亲去世了。更没有想到，父亲多年居官置下的家业财产，被她那浮华浪荡的大哥毁于一旦。接着，大哥又逃之夭夭。她与一个弟弟、两个妹妹和母亲，一下子落到了贫苦无告的境地当中。她这个做长姐的，全靠自食其力，半工半读，好不容易奔到了大学。同时她还得加倍地干活挣钱，省吃俭用，帮助弟妹的生活。好在这样的状况持续未久，弟妹年岁渐长，也能独立谋生并奉养老母了。

可以说，王兰馨的双脚是踩着深深的泥泞过来的，每一步都留下了痛苦的脚印。这一种历尽辛苦的经历和艰苦自立的奋斗精神，与李广田颇有相似之处。王兰馨在国文系攻读古典文学，尤其对唐宋词有浓厚的兴趣，造诣较深，填得一手好词，以致有“词人”的称誉。她在大学毕业前的词作后来结集为《将离集》于1936年5月出版，共收词作146首，由钱玄同题签，俞平伯作序。李广田在诗歌创作上的努力，使他赢得了“诗人”的美号。无怪乎当他俩结婚的时候，就有人称赞是“诗人与词人的结合”。他俩的结合的确是幸福的。

王兰馨毕业后，就先去到了李广田的家乡山东教书，在泰山脚下的泰安三中教国文。一年之后，王兰馨返回北平，1935年7月7日，他俩举行了简朴的婚礼。婚礼这个日子，还是王兰馨选的，取七七牛郎织女相会的日子。

李广田与王兰馨新婚照（李岫　提供）

婚后，这对新婚夫妻怀着一种错综难言的心情，踏上了南下的列车，泪眼告别了北平这座古老的城市。向着山东驶去……

回到山东后，李广田留在济南进入母校——山东省立第一中学教国文，王兰馨继续在泰山脚下的泰安三中教国文，他俩开始了平静的中学教员的生活。

当年考上北大的“齐东状元”如今回来了！在李广田任教的省立一中的学生中，就有一些他当年考北大时还是小学生的孩子。他们那时就早已听老师讲过李广田老师如何刻苦自强的事迹。老师曾一再以李广田为榜样，用“将相本无种，男儿当自强”之类的话激励他们。因此，他们对这位李老师是闻名已久的；再加上后来又听说“齐东状元”在大学读书期间，就一篇接一篇、一首接一首地发表了不少散文、诗歌，心里更是佩服之极。现在，这位昔日的“有志者”、今日的“知名作家”出现在面前了，而且是这样的和蔼可亲，平易朴实！红红的脸膛，常常带着和蔼的微笑，身上常着一件蓝布长衫，脚上总是一双布鞋。无论是高年级还是低年级的同学都盼望能听他的课。

李广田就住在学校的教职员宿舍里，那是清末大学堂学官住的地方，台高厦阔，光线明亮，是一个雅静的所在。每天晚上，他窗口的灯总是要亮到很晚……

李广田仍然是那样地刻苦，那样地勤奋。他教书很认真，在教学工作中倾注了不少心血。因他是给高年级上课，所以还引得一些低年级学生抱憾“不能亲受教诲”哩。李广田尤其重视学生的作文练习，还很热心地亲自筹办刊物。他执教不到两个月，一个像样的铅印文学月刊《嘉树》便问世了，刊名取晋人阮籍《咏怀诗》“嘉树下成蹊，东园桃与李”句中的“嘉树”二字为名，含意是很明确的：愿这块习作园地上桃李芬芳，“下自成蹊”。整个刊物从组稿、阅稿、改稿到写发刊词、编者后记等，乃至编排校对、催促印刷等一系列工作，都是李广田自己一人承担。

李广田除在《嘉树》上对一些习作细加评点，以做示范外，还把一些优秀习作介绍到文艺刊物去发表。《嘉树》对同学们的促进不小，出现的佳作还真不少。这份小小的铅印校刊，在济南的中学生中产生了一定的影响。此外，济南的中学师生还编过的《春草》《表现》等文艺刊物，也得到李广田不同程度的帮助。李广田还为省立一中写了“校歌”的歌词，为少年们唱出了他们的心声。

回到山东做中学教员后，李广田的理想，“只是认真教书，努力写作，最好能每年有新书出版”——假如没有抗战的爆发，兴许他的这个理想是能够完全实现的。事实上，抗战爆发前的两年内，他已经做到了这一点：

第一年——1935年应该出版的散文集《画廊集》和诗合集《汉园集》均已交付印刷厂发排付印，可是后来延至1936年3月才面世。

第二年——1936年12月，出版了第二部散文集《银狐集》。

第三年——1937年七七事变之前，已编好了第三部散文集《雀蓑记》交到出版社。可是，由于抗战的爆发，拖到了1939年5月才得以出版发行。

自打回到山东以后，李广田便与泰山结下了不解之缘。妻子教书的泰安三中离泰山山麓只有两三里路，济南与泰安间的火车又是很方便的，于是，李广田每每于周末乘火车往返于泰安与济南之间，星期六去泰安，度了星期天又返回济南。每年的寒、暑假，李广田也都是在泰安度过。到了暑假，他们就干脆住到山上去。泰山深处，既有男灌园、女绩麻的勤劳俭朴的茅舍农家，也有相当贫苦的、挣扎在饥饿死亡线上的山民，他们为了生存，不得不冒着生命危险在悬崖陡壁上攀援，采摘百合花出卖。他们那种“以生命为孤注的生涯”，他们那似乎与泰山融为一体的伟大和悲壮，使李广田受到了强烈的触动，留下了永远刻骨铭心的印象。

在此之前，李广田仅仅还是一个“平原之子”，他的眼光仅在故乡那一块平原之上。他们“平原的子孙对于远方山水真有些好想象，而他们的寂寞也正如平原之无边”。李广田在那里度过了十数个春秋，他诉说过平原人的悲哀，他忘记不了平原的忧愁，他“凭了那一块石头和几处低地，梦想着远方的高山，长水，与大海”。而现在，他从故乡平原那个“朴野的小天地”来到了中华名胜泰山，一切都大不一样了。“浮云连海岱，平野入青徐。”放眼望去，天下就像是在眼底！泰山的雄伟开阔了他的心胸，泰山的壮丽启迪了他的灵魂。他尽情地呼吸着泰山的空气，畅快地痛饮着泰山的甘泉，他对泰山的峰峦流水、苍松翠柏、一石一木都有着母子般的深情，他把生命的一部分融入了泰山之中。

“会当凌绝顶，一览众山小。”古往今来，泰山以它的雄伟壮丽哺育过多少代文学家。现在，泰山又以它天赋的灵秀哺育了李广田的情思，陶冶了他的性格。李广田不仅是“地之子”，也是泰山的儿子！是泰山和泰山人民使他由“地之子”进入了“山之子”的境界。他以“地之子”和“山之子”的心灵，敏锐感受和领悟着泰山的晨风夕雨、天然本色和泰山的风骨。他从中深化了对泰山的认识，懂得了泰山的伟大，进而更加体味到了大地母亲的宏深博大。他用一颗儿子的心写下了《山之子》《扇子崖》《雾》等歌咏、赞美泰山母亲的隽永篇章。这些篇章都分别收入《银狐集》和《雀蓑记》这两个散文集中。

然而，并不仅止于此，李广田更效法泰山母亲那种屹立于风之晨、雨之夕的坚毅形象，始终保持着一种坚苦卓绝的进取精神，永不停顿地跋涉在生命的长途中。他从一个普通的农民的儿子，能够成长为一个蜚声文坛的知名散文家、诗人和教育家，从一个具有人道主义思想的小知识分子，能够成长为一个为共产主义奋斗终生的无产阶级战士，与他始终保持的这种坚苦卓绝的进取精神，与他从泰山母亲那里汲取的乳汁养分是有着密不可分的重要关系的。回到山东后直至抗战爆发被迫流亡前的这段泰安生活，对他的思想、创作乃至性格都产生了一种深远的影响。

## 《银狐集》——第二个路程碑

如果说，《画廊集》是李广田散文创作道路上的第一个路程碑的话，那么，《银狐集》则可以作为他的第二个路程碑了。

《银狐集》收入他大学毕业后一年内写的17篇散文，1936年底出版，是巴金主编的《文学丛刊》第三集之一。到出版《银狐集》时，可以说，李广田那种朴素浑厚、真挚亲切、清淡自然的散文风格便确立了。

在泰山灵秀的哺育下，李广田的心胸和视野都开阔多了，对祖国山河的热爱之情也更加深了。置身于如此壮美的东岳，会使他想到同胞们也理应有美好幸福的生活。可是，就在泰山的盘道上，他却看到多少朴实的乡民在祈求“幸福”，看到乞讨的老人，看到为了养活家人而在悬崖峭壁上冒死采摘百合花的山民，听到不少悲惨的故事。而在济南教书的日子里，他更多地看到了同胞们的痛苦和不幸，灾难和辛酸。交不起学费的孩子那泪汪汪的双眼，沿街乞讨度日的妇孺的哀求声……都给他留下了深刻的印象，使他发出阵阵长叹。

还在北平读大学的后一两年里，李广田便在忧郁与苦闷中，对于人世间的许多不公平不合理，以及人世间的许多悲哀和苦难，加强了思索，由原来那种总是主观的抒写中抬起了头来，开始了一些初步的、客观的描写。如果说，那个时候的这种“变化”还比较小的活，那么，当大学毕业以后回到济南教书的这段时间里，这种“变化”则开始明显了，突出了。他更多地发现了现实的不美满，更多地知道了人的生活的可怜，到处都有着不幸存在，到处都听到痛苦的呻吟……于是，他关切的不再仅是自己身边的琐事和个人际遇，出现在脑海里的也不再仅是“幼年的故乡之梦”，从笔端流出来的已经很少是个人的哀愁伤感。他着意地注意现实了，着意地关切平凡、卑微的小人物。他很少写自己和身边的琐事，差不多都是写“人”了。他的感情变得坚实起来，个人的感伤色彩已渐渐消退，而对处于社会下层那些“受折磨的人和没有出路的人”表示了真诚的同情，对欺侮、压榨他们的社会表示了深沉的怨愤。诚如他自己在《银狐集·题记》中所说的那样：已经“渐渐地由主观抒写变向客观的描写一方面”，“在这17篇小文章中，只有少数几篇不是写‘人’的，而这少数几篇却又并非写我自己，这意思是说：在这些文字中已很少有个人的伤感，或身边的琐事，从表面上看来，仿佛这里已经没有我自己的存在，或者说这已是变得客观了的东西。……尽管这些文字中没有一个‘我’字存在，然而我不能不承认我永在里边。……因为我爱我写出的人物，或者还不如反过来说，我文章中的人物被我深爱的缘故：这些文章中依然有我的悲哀，我的快乐，或者说这里边就藏着一个整个的‘我’。”

诸如《银狐》中那一对相濡以沫、如鼓琴瑟的穷画家夫妇，《上马石》中那三个常在一起平静地谈论前脚后脚“走”（去阴间）的老头子，《他们三个》中那个丢了一只左胳膊、有着特殊脾气的老人，《浪子递解记》中那个被解回原籍的糊涂少年，《平地城》中那个赶骡马大车的、能说很多村野故事的多话的老人，《看坡人》和

《生活》中的两个顽强瞎子，等等，这些人都成为作者的朋友。这些人物各有个性，作者对他们都很理解，很熟悉他们的喜怒哀乐。作者虽然对自己的文章“无所谓爱憎”，但对文章中的人物“却是爱着”。他说：“我也并不是立意只拣了我所爱的人物作为我的文章材料，然而当那些人物一跑到我的笔下时，或当我已经把那些人物写完时，我才感觉到我对于我所写的人物已经爱了一场，而且还更加爱惜了起来。”（《银狐集·题记》）值得注意的是，作者对他所写的人物的“爱意”完全是由衷的，深沉的。其由衷和深沉的程度，竟到了连作者事先都意识不到的地步。比如上面提到《老渡船》一文时，曾经摘引了文章的最后一段话，对于这一段话，作者有这样的自白：“《老渡船》中的主人是我的老邻居，完全是为了爱那个邻人的缘故，才有了那文章的最后一段，这是当我写完重读的时候才感觉得出的。”（《银狐集·题记》）可见作者的思想感情是完全地、深深地融进了笔下的人物里了。这些文章里依然有着作者的悲哀和快乐，这里边确实有着作者自己一整个的“我”。但这已经不再是以前那个只有个人感伤的“我”，而是一个开始正视现实的“我”了。作者已经从原来喜欢的那个“太狭，太小”的“朴野的小天地”，开始转向了外间的世界。

从写作《画廊集》时较多地注重抒发个人的哀怨和伤感到现在的较多地注重抒发对大多数平凡小民的同情和爱意；从爱“自然”到开始爱“人”，这无疑是一个进步。尽管他对于现实的正视还仅仅是开始，尽管还时而闪现美丽的幻想的光，但他对人生的积极态度已由此初见端倪，为他今后进一步转向更广阔的现实世界，为他今后更远大的发展，打下了基础。其意义是重大的。

在艺术上，《银狐集》与《画廊集》基本上是一脉相承的。这部集子里的篇章，仍然是用淡笔写淡情，情发于中；文笔质朴，句法变化多样，总像与读者在灯下娓娓而谈，令人生出一种亲切之感；用诗人的气质来写他的散文，少许时候还“用写诗的气氛”来制造出他的人物，使这些篇什融进了诗意而显得美丽；行文流畅自然，颇有一种行云流水之感。

《银狐集》的最后一篇文章是写泰山的《扇子崖》。作者写泰山的文字除这一篇外，都收在1937年4月编成的下一个散文集《雀蓑记》里。并且，《雀蓑记》里也有一些文章的写作日期是在这篇《扇子崖》之前的，那为什么作者要将《扇子崖》收入《银狐集》而不收入《雀蓑记》呢？看来，主要地是因为作者也把泰山视为了自己的故乡——漫不说他的家乡邹平县便与泰山地界相邻，就是他在泰安这一年多的、对他的思想性格和创作产生了深刻影响的生活，便已经使他对泰山生出了一种儿子般的深情，所以他把《扇子崖》编入了集中写故乡风物与人物的《银狐集》，并置于该集的末篇。这样一来，还确乎别具心裁：《扇子崖》就像是《银狐集》与《雀蓑记》之间一条联结的纽带，极自然地把“地之子”带进了

“山之子”的境界。

《雀蓑记》可以说是《银狐集》的继续，里面的文字都写于1936年和1937年抗战爆发之前。这是李广田的第三个散文集，共收入文章17篇。其中一半左右是散文诗，另一半除作“代序”用的第一篇《雀蓑记》外，都是在进一步地作“客观的描写”：或刻画冒着生命危险在陡崖上采摘百合花卖给香客以养活家人的山汉悲壮的命运（《山之子》）；或追忆老祖母的慈爱之心（《回声》）；或写老人即将离开人世的悲哀（《谢落》）；或描述青年学生毕业后求职的艰难（《路》）；或抒发平原人民的寂寞与对山水的渴慕之情（《山水》）。这些篇章与《画廊集》《银狐集》的风格特色一样。看得出来，李广田那种独特的散文风格此时已经较为成熟了。

如果说，第一个路程碑《画廊集》是李广田故乡那个“朴野的小天地”一个“风物、风俗画”的画廊，那么，《银狐集》和《雀蓑记》则已是一个表现社会人生的“人物”画廊了——“里边展示的人物画像以故乡和泰山为背景，有老人的世故和儿童的天真，男人的劳苦和妇女的眼泪，无论是善和恶，或者是美和丑，有的身体和心里有这样那样的残缺，有的在极端困苦中显示出坚韧不拔的毅力……其中被万恶社会摧残得发狂至死的柳叶桃和‘把自己的生命挂在万丈高崖之上’折取红百合花的‘山之子’应占有显著的地位。”（见冯至《李广田文集·序》）

《山之子》这一篇章确实是最能反映作者的散文创作个性和作者人格的名篇。李广田是以自己那种“泰山的儿子”的无限深情来写就这篇《山之子》，塑造了一个泰山的灵魂的。文章向人们讲述的是一个青年山民“哑巴”一家的悲剧：泰山后面有个古涸涧，两面峭壁，中间深谷，峭壁上生满百合花。哑巴的父亲，一个顶结实勇敢的山汉，最先发现这个百合涧，便攀着乱石，拉着荆棘，冒着生命危险在陡崖上采摘百合卖给香客，以此养活家人。可是，在40岁时的一个浓雾天坠入了百合涧。哑巴的哥哥承继父业，后来也遭到了父亲同样的命运，30岁上被一阵山风刮下悬崖。从此，哑巴为了奉养老母和寡嫂，不得不拾起这以生命为孤注的生涯，继续在这条通往死亡的路上攀援。

这是一个何其令人痛心的故事呵！旧中国劳动人民的生活境遇就是如此地凄惨悲凉！作者对此寄予了无比深厚的同情。作者以泰山绝顶作为背景，着力刻画了哑巴的形象：朴实善良，勇敢勤劳，粗犷豪壮。作者深情地把他称为“我们的山之子”，并满腔激情地为他喊出：“山之子该有怎样的一山沉默呀！”

这“山之子”以自己一身的沉默背负着一山的沉默。作者歌颂了这个劳动者的纯朴、勇敢和坚强，并从他的身上懂得了另外一个故事：这是“泰山的精灵在宣说泰山的伟大”。——于是，文章的主题在这里得到了升华：泰山的伟大即象征着我们民族精神的伟大，“山之子”的痛苦也表现了我们民族的痛苦。作者把自己对苦难深重的劳动人民的同情，凝铸在“山之子”这个形象的塑造之中。这个形象的塑造，也正向人们表明，作者已经踏在了健康的现实主义道路上，告别了以前那个只有个人感伤的“我”，与“平凡”“卑微”的劳动人民休戚与共了。作者对人生的态度更积极了。他面对的世界更广阔了。

# 抗战流亡

抗战爆发后，山东很快便沦入敌手。作为一位正直诚实的诗人和作家，李广田不愿留在济南当亡国奴。他同山东省立一中的几百名师生组成的一支流亡队伍，怀着爱国热情，抱定“抗战到底”的决心，踏上了艰苦奔波的流亡征途。

在历时三年半的六千里流亡路途中，李广田从青年的进步中强烈地感受到抗战的力量和建国的力量，以青年的进步激励自己进步，和青年一道进步。他在现实的深刻教育下，经过痛苦的磨炼，抛弃了旧的生活态度，重建了新的生活态度。他在对政治问题的认识不断提高的过程中，也不断地在否定自己旧的文学见解，逐渐地树立起新的文学观点。

## 辗转豫、鄂、黔、川六千里

1937年，七七事变爆发，揭开了抗日战争的序幕。一个艰难而伟大的时代开始了。

从此，李广田平静的教书生活被打乱了。他也和四万万同胞一道，经受了八年抗战的洗礼。

抗战爆发后，山东很快便沦入敌手，日寇逼近济南。作为一位正直诚实的诗人和作家，李广田不愿意留在济南当亡国奴，他同山东省立一中的几百名师生组成的一支流亡队伍，怀着爱国热情，抱定“抗战到底，不做亡国奴”的决心，踏上了艰苦奔波的流亡征途。怀着一种在大学毕业后两年内渐渐坚实起来的感情，怀着一种执着的责任感，李广田进入了一个新的生活时期。

他们先是由济南避到泰安，在泰安中学里继续上课。可是，在这泰山脚下，仍然遭到日本飞机的狂轰滥炸。于是，在1937年底的12月24日，一个冰天雪地的日子，他们撤离了泰安，连夜步行，辗转南下，经过鲁西的金乡进入河南，1938年初到达河南许昌。从山东各地逃亡出来的学生在这里集中，临时住在许昌中学内的一个小院落。大家刚得到济南失守的消息，情绪都很低落。晚饭后便聚集在院子里唱歌。唱到“松花江上”最后一遍又一遍的“爹娘啊，爹娘啊……”的歌声，同学们都眼泪汪汪。

在许昌住了一个月，李广田他们又西迁南阳赊旗镇（今社旗镇），住在山陕会馆里，就在庙廊下席地上课。由于李广田的文名，赊旗镇上的宛东中学还请他去兼过国文课。在赊旗镇这短暂的一段时间里，李广田带着一种天真的欢欣，参加了学生们的抗日救亡活动。学生热情高昂，组织了一个抗日救亡工作团，进行抗日宣传，还成立起一个剧团。这个剧团起个什么名字呢？他们找自己的李老师起名。李广田很兴奋，在一张纸上写下好几个名字，同学们从中挑了“狂飙”一名。抗日救亡工作团的活动开展得蓬蓬勃勃，讲演，歌咏，出壁报，演出街头剧……李广田尤其为壁报花了许多精力。

两个多月后，山东省立一中流亡师生离开了赊旗镇，向南开拔，进入湖北。一路上，跋山涉水，晓行夜宿。李广田与这些初中学生们同甘共苦，并且尽力把漫长的征途变成生动活泼的课堂，让学生们忘掉离乡背井的痛苦和长途跋涉的劳顿。

4月中旬，他们到达均县。在这期间，从山东流亡出来的中等学校都合并为国立湖北中学。校部设在郧阳，包括高、初中及职业学校。分校设在均县，包括后师及简师。国立湖北中学有一个颇大的官僚机构，这些人无视教职工及学生的疾苦，拖欠薪金，克扣伙食、医药、修建等经费。他们花天酒地，大享其国难福，有的人整天就是趴在麻将桌上过日子。

4月26日晨，流亡师生分乘木船从均县出发，逆汉江赴郧阳。当时正值大雨，河水猛涨丈余，行船很危险。可是校方不仅强命前行，还命其中载人稍少的一只船（载26名女生及几名教职员眷属），加载面粉数百袋，重两万余斤，结果该船行驶困难，“下泻数里始行遇礁，船底渗漏，历一小时余始沉”，可是校方却不积极主持营救，竟只注意捞面，不注意捞人，捞出面数百袋，而22名女学生却惨遭溺死。其中一名女生胡玉芬幸遇他船捞出时，尚有气息，如营救得法，可不致殒命。但校方忙于捞面，弃置不问，致可活之人于死地。

这些学生不是死于战场，而是死于教育界当事者的昏庸和视人命如草芥的做法。

李广田得知自己后面的船队里发生了这场惨剧之后，心情非常沉重。从抗战以来近一年的时间内，李广田没有写过什么散文，也没有写过任何诗作。此时，他面对汉江那浓浓的绿水和恶咒一般的涛声，再也抑制不住自己的悲愤之情，提笔写下了抗战以来的第一首诗作——《奠祭二十二个少女》。22名女生惨死汉江这件事，给李广田留下极深的印象和痛苦的回忆。他在日记中多次提及此事，说“甚悲愤”，并把当时死难女生家属印发的《告社会人士书》剪贴在日记本上，永志不忘。

5月中，李广田偕流亡师生一起到达郧阳，在这汉水左岸的郧阳城安定了半年。在郧阳，有爱国热忱的教职员组织了教职员联合会，针对学校当局的弊端，经常集会评议，还不时“请”学校当权者到会，对他们质询、抨击。李广田在这些活动中都很积极，还大胆鼓动学生也参加评论学校的问题。在作文课上，他出了评论学校当局的作文题，并果敢地对学生说："大胆写！出了事由我李广田承担！"

有几个爱好文学的学生想自己出一份手抄的文学刊物，李广田热情地答应替他们改稿，还为他们的刊物取名。他考虑了好几个名字，其中一个是"紫塞"，即"长城"之意。同学们都说"这个好！就要这个！"有的同学还兴奋地哼起了"把我们的血肉筑成我们新的长城！"《紫塞》每两周出一期，一张新闻纸的篇幅，每期35000字左右。诗歌、散文、小说、戏剧都有。李广田写的《奠祭二十二个少女》那首诗，也登在这份刊物上。《紫塞》积极宣传抗日，在学校里的影响相当大。李广田还经常为全校同学做进步内容的讲演，担任学生进步社团的指导者。

在抗战流亡以来的这一年中，李广田同青年学生朝夕共处，一起跑路，一起生活，一起如饥似渴地读书看报，开展多种救亡活动。他看到了青年的力量，感到了青年的进步。青年的进步激励着他的进步，促进他的思想发生了很大转变。李广田在《回声·序》中这样自叙道："自抗战开始，至1938年终，这一年有半的时间，我几乎都花在跑路上。而和我共同跑路的就是一大帮孩子，我眼看着这些孩子受苦，也跟着这些孩子成长，我在这些孩子身上看到了将来的希望。这一年半内我一篇文章也没有写，我们只是大家过着一种新鲜的生活，我没有感到过要写什么。到1939年初，我们到大后方安定下了，我才开始写了《力量》那篇短文。”在《力量》这篇文章中，李广田给予这些孩子们热情地赞扬。

青年们的这些提高是抗战给他们带来的。同时，青年们的这些提高给予了李广田深刻的教育。在和青年们朝夕共处的密切接触中，李广田“感到了无上的快乐”，他深深地挚爱着这些青年人，他在日记中这样写道：“我是多么不愿意失掉这些青年人啊！我愿意从他们身上继续汲取力量，来使我自己再年青起来。”

他还觉得，“青年的进步之快简直令人惊讶，这时候已经不是先生领导学生，实际上是学生领导先生了”。在这些进步很快的青年面前，李广田“感到快乐，也感到惭愧，感到必须自勉自励，自己警惕”。也正是基于这样的自觉，李广田认真注意“自勉自励”，自己的进步也很快，和青年们一道，跟上了时代的步伐。他在1938年10月14日的日记中敞开心扉，兴奋地记下了自己思想的变迁：“我现在似在向另一方向转移，我是正要在另一方面充实自己，而这切实的认识，进一步努力将给予我将来的文学生活一大助力——我始终对于文学还是忠实的——然而我之所以转移了努力的方向，岂不也正证明我的不足吗？……而最重要的还在于生活的力量——世界观与人生观！总之，我现在也许更年青了些，因为我要学习的太多了，我天天忙着，总是有做不完的功课。”

从青年的进步中强烈地感受到一种力量——抗战的

力量、建国的力量，以青年的进步激励自己进步，和青年一道进步——这是抗战给李广田带来的第一个收获。诚如他在《力量》一文中所说的："抗战使新生命萌芽，使不愿死去的活起来，使活着的变得更坚实，使衰老者变得年青，使年青的变得更合理，更壮旺……"

抗战给李广田带来的第二个收获是——在现实的深刻教育下，经过痛苦的磨炼，抛弃了旧的生活态度，重建了新的生活态度。

在郧阳住了半年，1938年的12月1日，李广田他们这支流亡队伍又离开了郧阳，"这主要的原因是许多大英雄在那个小地方，成就了许多不大不小的罪恶，实在令人住不下了……"

郧阳校部这官僚机构的很多作为愈来愈令人讨厌了。昏庸、顽固、贪污、腐败、欺骗，人事摩擦，内部倾轧，苦得一群天真纯洁进步向上的青年不袜不履，甚至连买草鞋的钱也没有，更谈不到求学和什么训练了。青年们远离在敌人铁蹄下被蹂躏的父老，怀着希望流亡南下，可结果竟是这样！ 每当听到青年学生们在黄昏时唱着思乡的歌，李广田和一些进步教员的被现实噬啮的心与青年们那些痛苦的心就交织在一起了。

从郧阳经陕西的白河、旬阳等县到四川罗江县，又走了两个月。途中，"高山，深水，饥饿，寒冷，盗匪，疾病……这是我们的路程标！"

现实给予他们一些什么呢？李广田看到，一方面是生活在荒山僻野中的百姓，衣不蔽体，食不果腹，住的是绳枢瓮牖，即便是城镇上，也是妇孺丐者遍街巷。秋雨过后，无可觅食，倒毙者更多，处处可见弃婴成为野狗所食之遗骸。有些百姓愚昧得可怜，竟不知山东人也是中国人……另一方面，是土匪、兵燹、养鸡县官、贪官污吏、苛捐杂税、抓丁抽粮……数不尽的罪恶，看不尽的黑暗。

这种现实给李广田的内心以深深的触动，他觉得，“贫穷，贫穷，也许贫穷二字可以代表一切吧，而毒害、匪患以及政治教育，一般文化之不合理现象，每走一步都有令人踏入‘圈外’之感”。于是，他用笔记下了沿途的所见所闻所感，并把这些纪行的文字收为一个小集子，就取名为《圈外》，于1942年出版，后于1948年重印时，改名为《西行记》。李广田这样说道：“我在痛苦的情绪中走过了这一段路，结果所得就只是这几篇苦涩的记载，当然，假设有人读到这书本，恐怕也难免掩卷而叹曰：‘此诚一令人不快之书也！’这倒是无可如何的事。”

李广田称《圈外》中的这些文字不过是些“苦涩的记载”，然而，正是这些文字真实地记录了他思想的一个发展，即怎样从个人生活的“画廊”转向社会与时代，“渐渐地由主观抒写变为客观描写一方面”的。他看到了黑暗，因此写了不少黑暗，“但我确未立志写黑暗，相反，我却在努力从黑暗中寻取那一线光明，并时常想怎样才可以把光明来代替黑暗”。

李广田以那种正直诚实的诗人所特有的敏感，从沿途所见的人、事、物中，也每每感到抗战给人的思想带来的变化，感到民族的觉醒，感到民众的力量。

当他们在向四川开拔途中，行进在、爬行在山中的公路上，遇到有好几个地方，工人们正在忙着炸山开路，响声震耳，石块纷飞，烟尘四起，于是，李广田“看得发呆了”，处于喜悦之中的他在心里暗暗想道：“人力征服自然……长期抗战……这一条白色的线要一直拉到中国的边疆尽头……胜利……胜利……可感谢的、可钦佩的开路工，我们向你们敬礼……”

当他们沿江岸行进，看到两只负载太重的大船由纤夫们艰难地拉着向前迟缓地移动着时，李广田这样喊出了自己的心声：“这是我们的大船啊，因为那是为了保卫我们的国家，而在艰难的运输着，是为了打退我们的敌人，在艰难的运输着。我们的民族，也正如这大船一样，正在负载着几乎不可胜任的重荷。在山谷间，在逆流中，在极端困苦中，向前行进着。而这只大船，是需要我们自己的弟兄们，尤其是我们的劳苦弟兄们，来共同挽进。”纤夫们喊着整齐的号子“来呀，我们大家一齐拉……”呼吸同样的空气，迈着同样的步伐，一齐起立，一齐伏下，艰难地拉着船，喊声随着起伏抑扬着——面对这种情景，李广田激动不已：“我们历来还没见过这样地使用着人力，这样壮烈，而又这样残酷。我们的眼里已不自觉地含了泪水，我们的心弦都拉得很紧很紧，我们被这民族的起舞与高歌所感动，简直为之迷惑了。”最后，不知从什么时候起，也不知是用什么方式开始的，李广田他们的手也都紧紧握住了纤绳。同纤夫们一道喊起了“来呀，我们大家一齐拉”的号子，“我们在共挽着我们的大船，而大船也总在前进着，一寸，二寸，一寸，二寸……”

这些文字，深沉地表明了李广田对中华民族经过艰苦卓绝的努力终将获得解放的信心。

在6000余里的流亡中，李广田以一种正直诚实的诗人所特有的敏感，从沿途所见的人、事、物中，每每感到抗战给人的思想带来的变化，感到民族的觉醒，感到民众的力量。他在《青城枝叶》一文中有一个带总结性的说法：抗战以来断断续续地跑了一年多的路，“我们都跑得很结实了，无论是我们的身子或是我们的心。我们看了很多，也经历了很多。我们懂得了‘走路’的道理，也懂得了一点生活的道理，而且，我们的抗战之必能胜利，以及这一胜利之实在不易获得，在我们的长途跋涉中也得到了说明”。李广田很兴奋地多次在日记中记录下自己思想“在向另一方向转移”“正要在另一方面充实自己”的变化和提高。

在这种兴奋中，李广田还计划写两部长篇小说。一部是写一个中农家庭的衰落史，准备以自己的家庭为原型，就以王爸爸为主人公；以二哥的投荒死于西北，自己的入狱并连累三哥，大哥终生的劳苦节俭为穿插；以故乡桃熟时为背景。

另一部原取名叫《颓败线》，后又拟改名为《酵母》。他在《西行记》中说："其实，我们这些人都是抗战中的颓败物，不过有的人已在这条线上颤颤欲断，有的人却还可以维持下去，也有人从此要改弦更张，从颓败线过渡到新生线，这就是人的改造。我以为'人的改造'应当是长期抗战中的一大收获。假定根本没有这一收获，则抗战胜利恐无希望，即侥幸胜利，也保持不住。我的长篇小说即将以'人的改造'为主题，主要人物都是由颓败中生活起来去参加新的生活，参加更有意义的战斗。事情的本身，已经发展到了相当的阶段。再向前发展，就完全是新的事物了。因此，我不想再用'颓败线'这个名字，因为这只有否定的意义，而无积极的指示，我想用'酵母'或较好些。"

遗憾的是，由于生活颠沛流离，这两部长篇都未能完成。不过，仅就它们主题的设想和初步的构思来看，已颇能说明李广田思想认识的提高，颇能说明他在现实的深刻教育下，重建了生活态度。能够在抗战才一年有半的时候，便看到"人的改造"是抗战的一大收获，并认识到这一收获对于抗战胜利的重要性，这确是难能宝贵的。——而李广田自己能这样"从颓败线过渡到新生线"，这又正是抗战的力量！正如他在《力量》一文中所说的："抗战使颓废者振奋，使残废者健全，使怯懦者勇敢，使自私者无私，使愚昧者觉醒，使迷信者信任科学，使做梦者认识现实。”

这对于几年前在大学时代还埋头书斋，只会抒发个人苦闷寂寞的感伤情绪、“忘了外面的久天地”的这样一个小资产阶级知识分子来说，实属不易！此间经历了多少苦闷，多少艰辛，多少磨难！就在痛苦的磨炼之后，李广田终于抛弃了旧的生活态度，选择了正确的道路，重建了新的生活态度……这是应该感谢抗战的！李广田自己也这样说：“对于任何事物，不亲身感受就不易认识它的真面目……我们这一次从敌人的炮火中出来，在六千余里的‘冥途旅行’中，使人认识了从前不曾认识到的事物，但是我并不悲观，反倒更觉得强健了起来，我得谢谢这一段生活。因为只有在这种生活中，一个人才能学得到斗争的方法，最低限度也可以磨练自己。”（李广田《西行记》）

## 时代的“锻冶厂”

抗战给李广田带来的第三个收获，是他在对政治问题的认识不断提高的过程中，也不断地在否定自己旧的文学见解，逐渐地树立起新的文学观点。

李广田他们原山东省立一中的流亡队伍，从郧阳“夜奔”之后，经过两个月的徒步跋涉，到达了四川罗江县城，“于暮色苍茫中过金雁桥，到罗江城已是昏黑。我们总算到了‘家’”。

罗江，是一座四周都是丘岭的山城。出北门，城外不远处便是一条纹江。那微波粼粼的纹江上，雄踞着十三孔的大石桥——金雁桥。县城很僻静，也很小，半小时就可把整个县城走遍。“这个小城简直是个小村庄，简单极了，也朴素极了。”

就在这座袖珍式的小城里，李广田他们安顿了下来，被编为国立第六中学第四分校。他们从简建校，时间不长，就正式开始上课了。

李广田先后把两位作家陈翔鹤和方敬从成都请来罗江四分校共事。另外，分校校长孙东生请了刚从西北联大毕业的陶稷农来任教。陈、方、陶三位都是地下党员。陈翔鹤当时还是中华文艺界抗敌协会成都分会五名常务理事之一。

他们三位的到来，直接给青年学生们带来了党的领导思想，使这所学校出现了崭新的局面。与一般的中学大不相同，这个学校里没有“三青团”组织（直到后来孙校长被调走后，“三青团”才建立了组织），虽然也有几条鹰犬，却成不了什么气候。学生自由读书，自由结社，自由出版壁报，而且由学校无偿供给纸张笔墨。校内墙壁上各种壁报琳琅满目，校外街头也满是四分校学生的各种“大众救亡墙报”。李广田还负责亲自上街阅读这些墙报，定期在全校师生集会时评比公布名次。学生自由组织的读书会、座谈会也为数甚多。李广田他们几位教师在课堂上用的教材，也是自己选印的活页“国文讲义”，而不是正中书局出版的国语课本。共产党的一些出版物上的文章，也被选来在课堂上向学生讲授。

陈、方、陶三位来学校时，都带来了地下党的组织关系。方敬负责领导建立了党小组，并在学生当中发展党员。罗江城虽说是个不起眼的小地方，但地处当时的交通动脉川陕公路线上，对于革命活动的地位较为重要。党在这里建立了地下组织积极开展工作，四分校即是其中的一个重要阵地。分校党小组建立后，团结进步教师，在青年中积极培养发展对象，使得学校的政治空气很活跃。

李广田与陈翔鹤、方敬是老朋友。李广田在进大学前就认识陈翔鹤，读大学时，因了何其芳的关系，又与方敬成为至交好友。此时，李广田虽然不知道陈、方二位的地下党员身份，但他们三人之间的友谊已经到了无话不谈的程度。在朝夕相处、情谊日深的交往中，陈、方二位对李广田的影响是很深的。此时李广田虽然不是党员，但他的思想活动确实是在党的思想的直接影响之下。他仿佛年轻了许多，思想十分活跃。

李广田从流亡以来就开始注意接触马列主义。到罗江之后，在陈、方等共产党人的影响下，他加强了对马列主义（当时称社会科学书）的学习。清早，在熹微的晨光中；晚上，在暗淡的桐油灯光下，总见他孜孜不倦地阅读马列主义的革命理论著作和抗战书刊，如《什么是列宁主义》《政治经济学讲话》《辩证唯物论》

《列宁的故事》《少年先锋》及普列汉诺夫的文艺理论书籍等。他还订阅了《新华日报》《群众》等我党的报刊。

对马列主义及文艺理论的刻苦学习，除了帮助李广田对许多政治问题有了越来越清楚的认识外，还帮助他抛弃了旧的文学见解，逐渐树立起新的文学观点。

1939年初，当他写作抗战以来的第一篇散文《力量》时（这篇文章首先发表在成都文协的会刊《笔阵》上），他就这样说过自己的感觉："我简直连笔都不会用了，我心里有许多话，可是我说不明白……"之所以感觉如此，盖因为他的思想起了大变化，他不能也不愿意再提笔像过去那样继续写下去。他要一切重新开始！

大革命时期的李广田曾经对文学与革命的关系有过模糊的认识，误以为文学与革命二者不可兼得，而为文学与革命的矛盾深深地痛苦过。现在，在抗战现实的严峻教育下，有共产党人的影响、帮助，有马列理论的启迪、指导，李广田此时已消除了从前那种以为"文学与革命是不能和谐的"思想矛盾的痛苦，深刻理解了、懂得了当时关向应对他的忠心劝告："即是文学，也有革命的文学和不革命的文学之分，要能做一个革命的文学者，就可以消除这种矛盾的痛苦了。"并且，他脚踏实地地开始身体力行，努力地在"做一个革命的文学者"了。

他为适应抗战的要求，结合实际，精心编选国文教材，在课堂上讲授抗战文学作品和理论文章。在课外鼓励同学们阅读鲁迅小说和《毁灭》《铁流》等苏俄革命文学作品。他热情极高地同学生一道，在校内外开展救亡工作。他日后在《自己的事情》一文中说："学生们在校外展开救亡工作，在校内也展开了学习运动，思想斗争更是日趋尖锐化。在工作中，我感到了无上的快乐，因为我同青年人紧紧地结合在一起，我们共同生活，把流亡学校造成了一个战斗的堡垒。这时候，对于政治问题，才有了更进一步的认识，对于文学，也确定了新的观点。"

他对鲁迅的文章也有了新的认识。如对鲁迅的杂文，他在《回声（一）》中就这样说过："那些杂感本身就是可宝贵的，因为那不但是'好文章'，而且那里包含了各方面的文化问题，那不是只限于文艺的，有那更广大的用处。'没有革命的理论，就没有革命的行动'，我们得承认这句话，鲁迅那些杂感就是一种'理论'，那可以指示我们一种方向，而那又是正确的方向。"

李广田逐渐确立起来的新文学观点，更显著地体现在他尽心竭力主编的校刊《锻冶厂》中。

为了给青年学生开辟一块发表文艺习作的园地，借以对他们更好地进行指导和培养，李广田想到了要创办一个小型的文艺刊物。这个想法得到了学校的支持，经费由学校经费中支出，办成铅印的月刊。李广田负起了主编的责任，写稿人绝大多数是本校师生。这个文艺月刊是四分校的校刊，但又不完全是校刊。李广田不想把这个刊物办成仅仅是四分校的校刊，从其他分校或校外寄来的稿子，只要是好的，他便优先选用，并且，在写“编者的话”时，李广田也是写成面向校外的语气为多。

这个刊物是李广田取名为《锻冶厂》的。他告诉同学们，这是借用苏联革命早期一个文学团体的名字。他还说，“我们处于一个伟大的时代，我们都在经受着锻炼，你们年轻人锻炼更好些，将来都能锻冶成一块很有用的好钢，我喜欢这个名字。”

《锻冶厂》创刊于1939年6月1日，终刊于1940年7月1日，在一年零一个月的时间里共出版了十期。当时因为日机空袭影响，加上成都印刷困难，刊物未能每月按期出版。由于国民党反动当局的不断迫害，最后只有自动停刊。刊物上印着“锻冶厂编委会主编”，实际上就是李广田在负责。每期刊物，从组稿、看稿、改稿、写“编者的话”，以至到编排，都是李广田一个人利用课余时间坐在他那间小寝室做的。最后，他还要亲自将编排好的稿件交到邮局，由邮局寄到成都球新印刷厂。刊物为16开本，土纸印刷，每期8页，约容纳14000字，售价2分。

创刊号首页刊登的是李广田执笔的以锻冶厂编委会名义写的《发刊词》。其中这样说道：“对于我们，这伟大的时代，正是一个最好的锻冶厂，我们将在这工厂中锻冶我们自己。我们一方面要锻冶我们的手艺，希望能为这‘抗日建国’的伟大时代画一些光荣的记号；一方面更要锻冶我们的整个生命，使我们的力量变得更加坚强，更有耐性，以期为国家民族多尽一些应尽的责任。”

陈翔鹤和方敬、李广田都带头把自己的作品交给《锻冶厂》发表，理论文章、散文和诗歌都有。李广田和方敬先后各发表了3篇，陈翔鹤发表了5篇。方敬的诗作《一个礼赞》是专门为《锻冶厂》写的，作为给同学们的“见面礼”，发表于第四期（1939年9月出版）上。

陈翔鹤发表的5篇文章中，有一篇题为《〈在风砂中挺进〉序》，副题是“几百个中学生由山东到四川六千里流亡实录”。《在风砂中挺进》一书，是李广田和陈翔鹤花了很多心血，具体指导孙跃冬等17名学生写出的一册报告文学集，共30篇，约10余万字。

后来不久，国民党教育部听说这所学校办成了一所红色学校，遂下令调走孙校长，解聘李广田、陈翔鹤和方敬（陶稷农在此前已离开罗江），这本书当然不可能再出版了。有哪家出版社愿为被称为“红色学校”的学生出版这样的作品呢！李广田非常珍惜这部报告文学，他离开罗江时把这部书稿带在身边，后来多少年中都一直好好收藏着，直到“十年浩劫”被抄家时，书稿不知去向。

《锻冶厂》实际起到的作用，绝非仅仅是文学艺术的作用，更重要的是团结了一大批青年，向他们进行革命的教育，引导他们走上革命的道路。日后成名的诗人贺敬之在赴延安之前也是国立六中一个分校的学生，几十年之后他还一直记着《锻冶厂》这份小小的文艺刊物。他在80年代初还深有感触地这样说过：“当时这个小小的文艺刊物起了很大作用，吸引着多少爱好文艺的进步青年！”这个刊物之所以能起那么大的作用，主要是作为主编的李广田做了大量工作，而李广田正是在党组织的启发影响下，在几位党员教师的帮助下，不断树立新的文学观点，才做出了这样的成绩的。

李广田在帮助学生进步，他自己也在不断地进步。1940年7月，李广田收到中学时代的挚友邓广铭（字恭三）寄来的一本《雀蓑记》。这本写于和编成于七七事变前的散文集，直到1939年5月才得以出版。而此时，对政治问题的认识和文学见解都有了很大进步的李广田，看着自己4年前的这些作品，已经感到生疏，心里泛起一些惆怅和茫然。他在7月8日的日记中这样写道：

> 我匆匆把它读过，觉得有些惆怅，又觉得有些茫然，“这真是我自己的吗？”我不能自已地这样自问了，然而这确是我自己写的，我却把它当作别人的文章看了，因为我自己过去不甚了然的，现在也了然了，我是用了现在的一点光，去烛照了过去的一些阴影。……

# 联大岁月

抗战后期，李广田进入西南联大执教，在昆明度过了难忘的岁月。他在穷困的环境里过着清贫的生活，不倦地思考，勤奋地写作，收获颇丰，全面展现了作为一个文艺理论家、散文家、诗人的风貌。他还创作了毕生唯一的长篇小说《引力》，在小说里倾注了强烈的民族意识和深沉的爱国热情，鲜明地表达了对日本帝国主义的仇恨和对革命事业的热烈向往。

李广田在繁忙的教书和写作的同时，还用了很多时间和精力帮助青年。他热情地和青年同学一道，指导学生的文艺社团，开展文艺活动。日本帝国主义宣布无条件投降后，李广田经历了一二·一运动的洗礼，直面“李闻惨案”的发生，爱憎分明地踏上了做一个为人民争民主的战士的道路。

## 在叙永登上大学讲坛

1941年2月，因在学生中传播进步的文艺思想，讲授苏俄作品和鲁迅作品，李广田与陈翔鹤、方敬同时被国民党当局解聘了。经在西南联大任教的挚友卞之琳介绍，李广田离开罗江四分校，到西南联大叙永分校任教。他带着妻子和两岁半的女儿，从川北的罗江经过成都，到达四川南部的叙永县——一个荒僻的小山城，在这里过了半年多的执教大学的生活。

西南联大四川叙永分校是1940年8月设立的。因为在此之前的半年以来，昆明连连遭到日寇的轰炸，联大便计划日后一旦情况紧迫，就迁往四川。于是9月份在川南的叙永县设立了分校，作为今后迁往四川的预备措施。叙永分校经过一段时间的筹备工作，联大一年级的新生于1941年1月6日开始在叙永分校上课。

李广田为一年级的学生开国文课，主要教授写作。他对教学充满热情，讲课非常认真负责，思想进步，忧国忧民，给同学们留下了深刻印象。

在叙永执教这段时间，由于课程繁重，李广田没有写作和发表什么文章，只是记记日记，写了几首诗。其中写于当年7月13日的一首诗《给爱星的人们》，发表于《中国诗艺》复刊第三期上。这是值得一提的一首诗作。

如果说，在罗江的那些日子里，李广田的思想已经发生了明显的变化，把自己的命运与国家民族的命运连在了一起，诚如他在1940年2月写的《一朵雪花》诗中表达的那样：看到了人民的力量，愿意和人民一道迎接胜利的春天。那么，过了一年之后写下的这首寓意深刻的《给爱星的人们》，则是进一步表达了他的这种争取胜利的愿望。

诚然，这时的李广田还并不是马列主义战士，这首诗也不是他的战斗檄言，但是，就诗作中表达出来的那种渴望民主、渴望和平的思想来说，在当时的历史条件下，应该说，是有其相当的进步意义的，是值得充分肯定的。这起码能够表明，诗的作者已经在大步向革命的目标靠拢了。

与《给爱星的人们》一样，能从中显示出李广田思想上的进步的，是他1941年底到昆明后，根据在叙永这半年多的日记写成的7篇文章：《礼物》《两种念头》《悔》《空壳》《到橘子林里去》《根》《一个画家》。这7篇文章都收入了《回声》这本散文集中。《回声》于1942年初编成，1943年5月由桂林春潮社出版。

关于这7篇文章，李广田在《回声·序》中坦率地这样说道："后来我到了叙永，在这里我忙于职业的工作，未曾写什么，我只是记记日记，但也未能贯彻始终。但这些日记我却有了用处，我到昆明之后，就根据日记写了几篇小东西，也就是这集子里的前七篇，所以这里还保留了一些日记所特有的意味。从这些东西，就知道我有了一些变化，自然，生活变了，一切也就变了。”

这7篇文章几乎都是在一种恳切的自我解剖中，朴素地抒写了一个艰辛地生活在大后方的爱国知识分子的思想感情——他脚踏实地地生活在普通的下层人民之间，有苦恼，有烦躁，也有寂寞，有辛酸；有对人民的同情，对抗战的热情；更有对真理的向往，对光明的追求。这些文字向人们表明，它的作者已经在生活的道路上看得很远，在严肃地比较、选择自己应走的生活道路了。这预示着，作者的一个新的发展阶段将要开始了。

《回声》这部散文集同时还收入了写于1939年的《活的语言》《力量》《民族的颔首》《新人的站起》等文章，与于1939年、1940年写成的4篇书信体散文，以及1942年以学生的来信为材料写成的散文《少年果戈理》，全集共16篇文章。总的说来，这些文章在艺术上仍然保持了作者《画廊集》《银狐集》的风格，朴素浑厚，真挚亲切，清淡自然，而在思想内容上，则与基本上是“主观抒写”的《画廊集》和已较多地“变向客观的描写”的《银狐集》都不相同了。《银狐集》曾向人们表明，作者已经从爱“自然”到开始爱“人”，而《回声》则让人们看到，作者已经懂得爱“人”应当胜于爱“自然”了！这些文章已经在“客观的描写”基础上更进了一步，已经在努力实践和追求发挥文学的社会功用了，这从为集子取的名字——“回声”都可以看出来。在1942年2月编成《回声》后所写的“序”中，作者不无深意地说：“编辑完了，我安静下来，我在谛听：有没有声音，有，不过那声音仿佛是远远的。……我住在泰山的时候，也常喜欢一个人跑到山涧或峭壁下去长啸一声，那也不是为了听自己的声音，而是要听听那从峭壁深涧发出来的回声。小时候偷偷地跑到人家深巷中去大叫一声，听了那深巷的回声而自喜，更自喜于闹了一次小调皮。我现在又是在调皮一下，或者我又回到深山中，我的耳朵里响着的不是我自己的声音，那声音远远的，我很喜欢。”

这些话语中包含的意义是令人兴奋的——此时的作者不但已经从大学时代的那个狭小书斋里跳出来了，而且，与抗战前仅仅是开始了对现实的正视相比，也已迈出了一大步，目光转向了更广阔的现实世界。作者行走在现实主义的大道上，耳朵喜欢开始谛听自己文章的“回声”了……

## 走进大后方昆明

1940年，美国援华空军“飞虎队”驻扎昆明，一次又一次地在领空与日本侵略者的空袭飞机展开了殊死战斗，迫使日机对昆明的轰炸渐渐减少。到1941年的秋天，日机最后终于不敌“飞虎队”的勇猛，不敢再犯昆明，停止了轰炸，昆明的局势基本稳定下来。于是，西南联大也就决定本部不再迁往四川叙永，并决定将原来作为迁校预备措施而成立的叙永分校于秋季迁回昆明，并入本校。于是，李广田携妻女来到了当时的大后方昆明，开始了在西南联大师范学院国文系任教的生活。

初到昆明，刚搬进才租好的在翠湖边玉龙堆这条巷里的房子，方敬就来看望他们全家了。方敬一进门，还未坐下，李广田就兴高采烈地指着当门的墙壁上的几个大字让方敬看，嘴里边说着："你看——'著作等身'。"原来墙上还贴着房主人自书的一幅没有装裱的条幅。李广田搬进来后也未撕去，顺便留在了墙上。方敬看过后有趣地回了李广田一句："好像你就是注定要住这房子的。你不得不多写了……"

方敬这句话真是不意而言中了。从这时开始直到抗战结束这段时期，真成了李广田创作生涯中的一个丰收期。

他在穷困的环境里不倦地思考，勤奋地写作，收获颇丰。就是在这段时期，李广田全面展现了他作为一个文艺理论家、散文家、诗人的风貌。撇开散见于报刊的大量散文、杂感、诗作等不说，单从结集的文字来看就有80万字之多。在散文方面，除了从以前4个散文集中自选部分篇章并经过细心改正后而结集成的《灌木集》这本精品之外，还写下了《欢喜团》《金坛子》和《日边随笔》这3个集子里的全部文字；诗歌批评方面，他以曾饱尝诗人甘苦的切身体会，中肯地写下了《诗的艺术》这本诗歌批评集，剀切地批评了卞之琳、冯至和方敬三位诗人的作品，全面表达了自己的诗歌批评观；文艺理论方面，除写了《文学枝叶》这本文艺杂论集中的大部分文字之外，还有一部谈文学创作问题的专著——《创作论》；小说方面，他写下了自己一生中唯一的一部长篇小说《引力》。这些集子中有的因当时出版困难而延至抗战后几年中陆续出版，但写作时间都是在抗战结束前这一时期。

另外，他还把自己所有的诗编成了一个集子，取名《地之子》，寄给了后来到桂林办文学出版社——“工作社”的方敬，准备出版。可惜因桂林失陷，集子没来得及印行，诗稿也失落了。

当方敬进李广田才搬到玉龙堆的新家看望他并谈论“著作等身”的时候，李广田还对方敬这样说道：“昆明的学术空气、政治环境和写作条件都还比较好一些，我正在计划，得好好地开始新的工作和写作。要学习和运用马克思主义的观点来研究文学理论；还打算写一部长篇小说，主要反映日寇侵略中国，山东沦陷区遭受蹂躏，人民在水深火热之中，妇孺也分担了深重的民族灾难，从日军的铁蹄下历尽千辛万苦通过封锁线辗转来到后方，比我自己随学校的六千里流亡还艰险得多的经历……此外，还要多写一些散文，多写一些文艺随笔……”听得出来，李广田很兴奋，写作的劲头很大。他憧憬着美好的未来，而接着他也的确把这些计划付诸行动了。

在不满5年的时间里，李广田涉足了诗歌评论、文艺批评、文学理论、散文、诗歌、小说等多个门类。由于生活所迫，他除了在西南联大授课外，还在校外兼课。他只能利用不多的课余时间来写作。这需要多么坚强的毅力和多么坚忍的努力！寒来暑往，李广田度过了多少个不眠之夜，为写作付出了多少心血和汗水。他抓紧一切可以利用的时间，在非常艰难的生活条件下，呕心沥血，自强不息，为民族和国家做出了一个清贫而勤奋的爱国知识分子的贡献。

李广田这段时期的生活是相当清贫的。由于薪金微薄，加之通货膨胀的影响，西南联大很多教授的日子都过得极为艰辛，典衣物、卖家具、卖书籍是常见的事，正如当时华罗庚所说的："清高教授，呜呼！清则有之，清汤之清，而高则未也。"一些教授穿着补了又补的裤子和前后通洞的鞋子站在讲台上已不足为怪，闻一多要靠治印的润资来添补生活，就连清华校长梅贻琦的夫人和潘光旦的夫人也不得不合伙做一种取名"定胜糕"的米糕，走四十几分钟的路送到冠生园去卖……

到了昆明后，李广田的妻子王兰馨进入昆华高级职业商校教国文。李广田也同时在这所商校兼课，教着一个班的国文，一直教了好几年。夫妻二人的薪金加上兼课酬金，还得再加上稿酬，才仅够勉强维持一家三口的温饱。家里很穷，什么像样的东西都没有。他们先住在玉龙堆，后来住到了商校里，一间简陋的、不到20平方米的平房，孤零零地兀立在一片瓦砾堆旁。一块布幔将房子隔成里外间，里间是卧室，外间是书房和餐室。屋里除了简单的床铺、炊具和一张三屉书桌，就再没什么东西了。

手头拮据的李广田连给女儿小岫买点玩具的钱都没有。有一天，他经过学校的瓦砾堆，发现有一些破损的石狮、石龙、石马，便拣出几个稍好一点的，洗干净后放在家门口，说让小岫玩。这堆破东西，还把天真的孩子逗得高兴极了。于是，小岫站在床上望着后窗，自编自唱道："你看那天上的云，就好像贴在我们窗上！"李广田自己的身上总是穿着一袭常年不变、早已褪了色的蓝布长衫，虽然年纪还不到40岁，但脸上已是纹路分明，一副饱经风霜的模样。艰难的生活给他全家带来的是辛酸，是饥寒，是心灵的创伤。后来，物价愈涨愈高，生活愈来愈困难，李广田不得不托友人帮忙，把妻子的传家宝——南宋马远的一幅山水画卖掉，以维持生计。

在这样穷困的窘况之中，李广田以"贫贱不能移"的正直知识分子的气节，度过了动荡的抗战岁月。边教书，边写作，他的笔越来越有分量了。在繁忙的教书和写作的同时，李广田还花了很多时间和精力热情地帮助青年。到他家造访的客人中，有不少联大同学和校外青年。"先生对来访者不论是熟知或初见的都热情接待。凡送文稿请他评点的，从不拒绝，像对待国文课上的学生作文一样详细评阅。有一次他收到一厚册书稿，笑对我说：'这是科学著作，我不懂，要我给他看文字语句有无错。'这样不厌其烦为朋友、学生、甚至初识的人审阅文稿需要付出很多精力。"——学生唐振湘大半个世纪后都还记得李老师这样的事。

1944年之前的这几年间，李广田除参加学校里的进步文艺活动之外，社会上的活动参加得不多，他不大喜欢抛头露面。他有他自己的斗争方式。他认为多写东西多出进步作品同样是一种斗争，同样能鼓舞人民，同样是时代的需要。

李广田在抗战后期始终是以这个观点为思想上的指导，始终是以忠实地道出自己的生活、自己的经验来实践这个观点的。他深深感到自己作为抗战这场最大社会变动的“目击者”，“最先有将我们这时代所遭遇的事事物物提供见证的责任”，为此，他不停笔地勤奋地写作着。他的作品在反映现实的深度和广度上也不断地有所发展，整个创作倾向越来越进步。

写于1942年和1943年的《金坛子》，共收入了13篇作品。这些作品在当时被称为短篇小说。不过它们和散文没有多大区别，几乎没有写什么情节冲突，都是以散文的形式在朴素地叙述着故事。

如果说，李广田于1941年前后写作的《回声》意味着作者已经将自己的创作移上了“为人生”的轨道，那么，《金坛子》则表明作者已经坚定了“为人生”的航向。如果说，《回声》已表明作者开始走上了现实主义的道路，那么，《金坛子》则证明作者已经在这条道路上迈出了坚实的、有分量的步子。李广田在《金坛子》里给我们画出了一幅幅中国农村悲惨的人生图画，正如当时评论者苏夫在天津《大公报》上指出的那样："虽然这里没有呐喊，但也并不是那些无病呻吟。全是透过了这时代重压的气息而写出来的。但愿这《金坛子》能作为李广田先生的一个里程碑，经过了这个里程碑，迈向前去将是康庄大道，那里有着无数更多更苦的人民。"

总的看来，《金坛子》里面的篇章，都表明了作者自愿站在被压迫被侮辱者的立场，都能成为作者踏实地走在革命现实主义道路上的有力的佐证：作者没有脱离现实，眼光始终没有离开那些被侮辱被压迫的小人物。他关心着他们，表现着他们。他的心和他们的心是紧紧地贴在一起的，并且是自觉自愿地贴在一起的！《金坛子》处处透出那时代重压的气息，揭露了那个黑暗的、阴冷的社会，让人读完之后，会倒抽一口冷气。正如后来一些名家评价《金坛子》时所说的："处处可见作者对善良小民的无限同情，篇篇都闪耀着一股圣洁的人性之光。"（梅子语）"有时用笔细致，能在平铺直叙中，使人一口气读完，而读后觉得心中久久不能平静。"（李健吾语）

如果说，《金坛子》里还仅是忧郁地叙说着悲哀的故事，那么，下一个散文集《日边随笔》则已经发出疾声呐喊了！

《日边随笔》里的16篇散文大多写于1944年。李广田在《序》中这样说："其所以名之曰'日边随笔'者，不过是偶尔想起：藉此聊以见出自己的变化，以及我们这时代的变化而已。"的确，这时的李广田，随着时代的前进，有了明显的变化，他感到“生命无时不在烈火里燃烧”，想为这伟大而壮烈的时代捉住“一光一影”。

西南联大时期的李广田（李岫 提供）

在《日边随笔》中，一大半篇章是战斗性强的趋向于杂文笔法的篇章。它们从日常生活现象的描写中引出议论，生发出哲理来，让人明显地感觉到其中蕴含的时代精神和深刻的现实意义。这些文章的指向，都是对着黑暗的反动统治和冷酷的旧社会。人们能感觉到，作者已经在现实主义的道路上迈出了一大步。这时的李广田，与十年前只是把自己那个荒僻村落里的一切摆成“画廊”，只喜欢自己那个“朴野的小天地”的李广田，简直是判若两人了。这时的李广田，已经置身于外界暴风雨的大天地之中，他的思想感情已经和大天地中的广大人民发生了共鸣，他以人民之悲为悲，以人民之苦为苦。他用一个革命文学工作者的良心这支大笔，为人民抒写，为人民呐喊。他自觉地用笔做投枪，做匕首，投向那罪恶的旧社会，刺向那残暴的统治者。

应该感谢抗战！对李广田来说，抗战虽然是一种苦难，但抗战帮助他充实，帮助他勇敢，帮助他坚强，抗战推动他在现实主义的道路上迈出了令人振奋的、有力的一大步。

到了昆明后，在西南联大国文系的讲坛上，李广田开始用马克思列宁主义的观点讲授文学理论。他为学生开了“文学概论”“各体文习作”等课程。上“文学概论”课时，他按照普列汉诺夫的唯物主义文艺观进行讲授。从艺术起源于劳动的问题，到艺术在阶级社会中的地位问题，到艺术与解放运动的关系，以及现实主义与浪漫主义等问题，李广田都能深入浅出地讲解。在讲解时，他还对同学表示说，自己对于马克思列宁主义的观点也正在逐步地学习和研究之中，愿意和青年同学们一道来探讨研究，交流心得，更好地理解和领会马克思列宁主义观点。加之他是散文家，又是诗人，在多年的创作实践中备尝甘苦，故而他在讲授文学理论时，能结合创作实践的甘苦得失，联系文艺修养，并将中外文学史上若干创作经验与教训旁征博引，分析比较，使课程讲得生动，有分量，对文学理论起到印证和相互促进的作用。所以，他的课得到同学们的好评，大家都喜欢听他的课。

他还热情地和青年同学一道，指导学生的文艺社团，开展办壁报、诗朗诵等文艺活动，出席学生组织的文艺晚会、时事演讲会和学术讨论会，经常发表演讲。他同青年们在一起很兴奋，劲头很足，很有热情。他自己这样说：“在这里，我接触了更多的青年朋友，我从青年人身上得到力量，得到支持，虽然生活艰苦，工作的精神，却是奋发的。”

同时，在这里，李广田还与朱自清、闻一多先生有了更多的直接交往。在交往中不但增进了友谊，而且受到了不少的启迪。李广田从叙永初到昆明时，在街头遇到的第一个熟人就是朱自清先生。朱先生老远地先脱帽打招呼，否则李广田简直不敢认他，为什么呢？原来是因为生活的穷困，朱先生居然买不起大衣，而穿着一件奇奇怪怪的“大衣”——云南赶马人所披的毛毡，样子像蓑衣，也像斗篷，颜色却像水牛皮。虽然很不中看，但能挡风御寒。这“大衣”在城里实在太少见，故街上的行人都在注意朱先生，朱先生却毫不在乎。当时李广田见朱先生这模样也只是想笑，但又不好意思笑出来。朱先生却很得意地忙着告诉他一个大消息：“太平洋战争已经爆发，中国的抗战已成了世界大战的一环，前途十分乐观。”以后李广田在大街上时时注意，却不见有第二个人是肯于或敢于穿这种怪“大衣”的。

李广田与朱先生最初相识是在1941年的夏天。当时朱先生休假期满，由四川成都回西南联大，路过叙永。为了等车，在叙永住了不少日子。李广田与朱先生谈过几次话，都谈得很愉快。话题中主要是谈到抗战文艺，尤其是抗战诗，并且因此引起了朱先生后来写《新诗杂话》的兴致。

在昆明街头相遇后，李广田与朱先生成了联大国文系的同事。这以后的昆明五年间，大家都生活在穷与忙中。李广田有时去朱先生的住处访他，有时在演讲会上相遇，有时在上课时碰在一起，常有机会探讨一些问题，特别是就支持学生进步活动等问题。

对闻一多先生，李广田同样是很尊敬的，并把他视之为青年人的导师和楷模，常常教育学生要好好向闻先生学习。1944年，当原来李广田在罗江教过的国立六中四分校的学生刘方来到西南联大读书，第一次去看敬爱的李广田老师和师母时，李广田就对他像谈家常般介绍了联大的学运形势和联大三大进步文艺团体新诗社、剧艺社、文艺社的情况，说这三大学生社团的中心是闻一多先生，并语重心长地告诫说："你们从做小学生时就读闻一多和朱自清两位先生的文章，一向敬慕不已，现在到了他们跟前了，就好好地受教受业吧，真是百年难逢的良机。可是也要知道，现在的闻一多先生已不再是唯美的新月诗人，现在他也在进步。你们因为抗战，到处流荡，功课耽搁很多，基础差了，比我们那时差了不少，要一方面好好学基础课，把基础打好才行。另一方面要参加一切进步的活动，参加运动要有正确的态度。我自已也在学习，我一方面向老一辈的先生们学习，一方面也向你们年青人学习。实际上，也是你们年青人在推着我们这些中年人和年纪大的人不停地前进。"

当时，联大校内的进步文艺活动是颇活跃的。1944年、1945年"五四"纪念周中都有盛大的文艺晚会，请知名教授、作家出席演讲。每逢一些世界著名作家的诞辰、忌日，也常举行纪念活动。这些活动李广田都总是应邀参加，并热情地发表演讲。这些演讲都很有分量，有些演讲稿还收入了文集中，比如，李广田在《文学枝叶》的《序》中就曾特意指明："其中，《鲁迅的杂文》《鲁迅小说中的妇女问题》《论文学的普及和提高》《谈报告文学》《纪念高尔基：论文化工作者应该站在哪一边》，都是演讲稿。"

联大的进步学生成立了一些文学社团，分别聘请几位有进步倾向、有威望的教师做导师。中文系的学生组织了个"冬青社"，聘请了闻一多和李广田做导师。还有一个"文艺社"，也是请李广田做他们的导师。李广田很认真，很负责，不但启发同学们多创作进步文艺作品，还很细心地帮同学们看稿、改稿、选稿，深得同学们的爱戴。在共同辅导同学的交往中和教学交流中，李广田和闻一多先生情谊日深。闻先生和朱自清先生都是李广田最热爱、最尊敬的学者。李广田不但钦佩他们的道德、文章，而且景仰他们的政治情操。在越来越密切的交往中，李广田虚心地向闻先生请教。他认为闻先生不仅仅是诗人，是学者，而且是一位民主斗士。闻先生那种从过去笼统的爱国主义的立场转变到站在人民民主的革命立场的精神给了李广田极大的鼓舞，他越来越热情地，越来越立场鲜明地和进步青年学生站在一起。

当李广田指导的《文艺》壁报率先出版，以它那朴实的内容、朴素的形式和准时无误的版期赢得了广大同学的赞赏之后，外文系的王景山和赵少伟同学受到鼓舞和启发，便约集联大工学院的胡东明和法学院的韩济民，以《文艺》为榜样，筹办了《新苗》壁报，也请了李广田做指导教师。《新苗》两周出一期。1944年底出到第四、第五期时，忽然收到延安图书馆要他们按期寄送《新苗》一份的充满热情的来信。这是延安方面误认为它是铅印刊物了。但由此可见这份壁报的影响已远远超出了联大的范围。“延安都知道我们这个小小的《新苗》了！”同学们不胜惊喜，欢呼雀跃。李广田得知此事后，也激动地分享了同学们的欢乐。

1945年春，在《文艺》壁报的基础上，联大文艺社正式成立。《文艺》壁报的主要负责人程法伋、张源潜、王楫（都是外文系同学），建议王景山、赵少伟等停办《新苗》，参加文艺社，一同办好《文艺》壁报。王景山和赵少伟知道这里面也有李广田老师的意思，便欣然同意了，他们二人还担任了文艺社的出版干事。《文艺》壁报也是半月一期，每期约两万字，小说、诗歌、散文、杂文、评论，各个栏目都有。许多稿子都是经李广田看过、指导过的。李广田还将其中一些稿子介绍到昆明的一些进步报纸副刊上发表。当时诗人吕剑正在昆明编辑一家报纸的副刊，就发表过部分文艺社社员的稿子。吕剑1947年发表的一篇文章《诗人李广田》中也如此介绍过：“广田为人朴实、热情、认真。昆明西南联大十余个文艺团体和壁报，如‘冬青’‘新文艺’‘新诗社’等，都受他的指导和影响。许多的文艺活动和集会，也经常参加或出席，发言也朴素中肯。”

李广田指导的这些进步壁报和联大、云大的其他一些抗日民主壁报一起，为暴露黑暗，歌颂光明，鼓舞大家的斗志，推动民主运动的发展，起到了不可低估的作用。

1944年5月，李广田被增补为昆明文艺界抗敌协会理事。5月4日，联大文艺壁报社在新校舍南区10号教室，召开关于“五四”以来的新文艺发展情况的座谈会，演讲总题是《五四运动与新文艺运动》，下分7个报告小题，分别由罗常培、朱自清、杨振声、冯至、李广田等7位先生演讲。后因会场受到干扰改为8日在联大民主草坪举行，听讲的人更多了。李广田在会上演讲的题目是《鲁迅的杂文》。他强调指出：“鲁迅的杂文是诗的，是政论的，又因为他的文字之深刻与含蓄而表现为一种特殊的强力，所以我们百读不厌，我们每次读它，都感觉到那种热辣辣的鼓舞，而绝不会像普通议论文尤其是普通政论那样使人觉得枯燥无味。至于他的杂文之使我们清楚地认识了我们的时代，这一切功绩，也不是一般的论文所可企及的。”

9月17日，昆明文艺界抗敌协会召开第四届全体会员大会，包括各界来宾共到百余人，讨论响应筹募援助贫病作家基金等议案。李广田与闻一多、楚图南、李何林等十几人一道当选理事、副理事。当天召开了新理事、监事会议。22日，昆明文协分会收到文协总会的来函，内称：

“际此抗战进入最艰苦时期，‘荒淫无耻’与‘庄严工作’之分，界限更形明显，贵分会于此时召开全体会员大会，必可发展西南新文艺运动，振奋人民大众精神，更坚强‘庄严工作’阵线，促使抗战胜利民族解放之时加速到来，为此特致函祝贺！”《云南日报》26日全文刊登了文协总会的这个祝贺函。

在1944年、1945年这抗战的最后两年中，昆明文协分会积极开展工作，在西南联大、云南大学进步学生团体及进步群众的支持下，配合全国抗日救亡、反倒退、反内战的民主运动，发挥了很大的作用。他们经常举办各种演讲会、文艺晚会、报告会，宣传反倒退、反内战，强烈要求民主。李广田都热情很高地参与了这些活动。

10月9日，联大新诗社成立半周年。当天晚上，新诗社为响应救济贫病作家的募捐活动，举行声援贫病作家晚会并进行诗歌前途讨论。李广田与闻一多、楚图南、尚钺、冯至等123人，在闻一多亲笔抄写的给贫病作家的慰问信上签名。慰问信立场鲜明，格调高昂，信中说道：“我们相信这些钱不特能买回你们的健康，也买回了我们的觉悟。我们知道你们为什么贫，为什么病，你们的生病，正是人民痛苦的结晶呵！无论你们怎样的受欺侮，受迫害，你们的血泪却滋养着我们对强暴的愤恨和对自由的渴望。今天，你们不再是孤立的，你们的语言，将被我们举起，当作进军的旗帜。”

## 在滇池畔写完长篇小说《引力》

抗战后期，在时代的不断教育下，在与进步青年一道前进的过程中，李广田的思想有了很大的变化提高。随着思想的日益进步，他的民族意识也日益强烈，爱国热情也日益深沉。

这段时期，李广田在授课和从事文学批评之余，还努力探索中国民谣和山歌的魅力。他注意收集了不少民谣和山歌。他曾给一班云南学生出过《故乡的民谣》和《故乡的传说》一类的作文题目，从中了解云南的山歌民谣和民间传说。他对民谣山歌不仅仅爱好，而且有研究。他曾深有体会地说："这样的歌谣，在文化修养很高的人群中是不会产生的。文化程度高，自然产生高级的诗歌，然而大多数高级的诗歌却又容易失之苍白而虚弱，所缺乏的正是那份新鲜泼野的力量。"这种看法是颇有见地的。古今中外哪一个国家的诗歌史不是大量存在着这样的情形呢？李广田自己在读大学时抒发苦闷忧郁情绪的那些诗歌不就正是"失之苍白而虚弱"的吗？

走过弯路并不全是坏事。"前车之覆"，好作"后车之鉴"，现在，李广田的文艺观发生了较大变化，诗风也出现了较大的转变。尽管他这时期的诗作不多，但从不多的这些诗作中完全可以看得出来，他的确接受了民歌的不少影响。他的诗作用语通俗浅白，一些诗歌中的节奏、韵味、内容、形式等，甚至酷似民间小唱。之所以这样，从他《滇谣小记》中的这段文字里可以找到部分答案："现在有些诗人在注意民谣，有些人用了山歌民谣的格调写诗，这应当是一个好现象，因为，注意了民谣也就注意了人民的生活，于是也就更接近了人民，可以为人民说话，而且，最低限度在创作中也可以从民谣中吸取一些新的生命。"

此外，从李广田的思想发展状况和当时的形势背景来看，他诗风转变的原因还有两点：一是在创作上想有一种新尝试、新突破；二是因为身处民族危亡关头，想借这最富有民族特色的形式来抒发自己的民族意识和爱国热忱。这一点才是更重要的，也是很可贵的。这也正说明了李广田始终把大地视为自己的母亲的那种执着，他的确是"地之子"，是中华民族的儿子。

李广田这种强烈的民族意识和深沉的爱国热情，还更显著、更集中地表现在他于抗战胜利前夕写毕的长篇小说《引力》中。

《引力》

《引力》的写作开始于1941年7月。这

时，李广田带着半年多前从沦陷区逃出来找到罗江的妻女刚刚迁到昆明。妻子到罗江找到他时，曾给他讲述了沦陷区人民那种悲惨生活，日寇的那些残忍的暴行，她带着女儿千里迢迢逃出沦陷区的痛苦和艰难，以及沿途怎样化装通过敌人关卡的危险经历……这一切，深深地刺激着李广田，重重地撞击着他的心扉。他听完之后立即产生了一种想写一部长篇小说来反映这一切的创作欲望。但是，由于紧接着就遇到国民党反动当局对学校进步师生的迫害，李广田被解聘，离开罗江转到联大叙永分校，在叙永时间也不长，同样动荡，难以静下来写作，因此一直未能提笔。在叙永忙了一个学期之后，就又迁到了昆明。

搬到昆明，刚把家安顿下来，有了个稍微安定的环境，李广田马上就开始了《引力》的写作。他跟方敬等朋友都兴致勃勃地谈过这个写作计划，说打算用一部长篇小说反映妇孺在山东沦陷区也分担了深重的民族灾难，如何辗转通过封锁线来到后方的艰险和辛苦。说了就动，他提起笔来，一口气就完成了3章。可是，写了3章后却停顿下来了。这停顿下来的原因，李广田自己在1941年8月6日的日记里坦陈——“想续写小说，感到了极大的困难，生活与体力既不容许痛痛快快写下去，而那些现成的材料更成了写作的障害。一切材料非经过自己的创造是不能应用的，反不如出于自己想象中的事物更方便些。结果只写了几句便放下了，于是又拾起了《罪与罚》”。

“那些现成的材料更成了写作的障害”这个原因，

李广田后来在《引力》完成时的“后记”中又这样说道：“那时我正在读《罪与罚》。我重又认识了陀思妥耶夫斯基的丰富与深刻，每当我读到那些最精彩的地方，我就不能不惊讶作者的创造力，那才真是‘创作’，而我自己呢，不过是在事实的镣铐中滚来滚去罢了。”看得出来，李广田是感到了、并且也承认自己长篇小说创作才能的不足。他“常常为一些现成材料所拘牵”，感到难以驾驭，难以找出一个自己满意的写作方案，“思想与想象往往被缠在一层有粘性的蜘蛛网中”，摘不掉，脱不开，弄得不成创作。有时他还觉得自己太不行，常为一种幻灭的心情所苦——这便是李广田开始写作《引力》时的客观的情形。

于是，《引力》的写作辍笔了。不料一停就是4年。这4年中，李广田始终没有忘记《引力》的写作，虽也时常想写下去，“但终于还是没有那份力量”。一直到了1945年，乘暑假之便，得到傅懋勉夫妇和魏荒弩等朋友的帮助，在昆明以东40里的呈贡县斗南村借到一间安静的小屋，李广田才于7月7日又重新提起了笔，继续《引力》的写作。

呈贡斗南村离滇池很近，村里的田块一直延到滇池边。李广田喜欢到处走走看看，他自己说，“村民中无一相识，但我也很喜欢在村子的街巷中走走，看看农人们满是辛苦的面孔，听听他们那些诚恳忠厚的言语，觉得无限亲切”。他几乎每日必到水边。他总是夜间和上午写作，下午边休息边思索第二天要写的东西。休息时他每每独自到田野去，看遍野的稻田、菜圃、水渠，沿水渠而到滇池边，坐在那里看远山，看云，看柳树下的牛马，看滇池水的波浪与涟漪，有时也解衣下水，学习蛙泳，他的思想"也就在这天边的田野与多变的海水上逐渐铺展开了……"正如他当时的一首小诗《海边》中说的——"把整个的海水引了来灌溉我的思想"。《引力》的写作进行得很快，到8月11日便把全部草稿完成了，中间还因学校招生评卷，回城里住过几日。

这一个月的写作生活大体说来是相当愉快的，尽管其中也有一些痛苦，那仍是最初开始写作《引力》时就感觉到的"在事实的镣铐中滚来滚去"的痛苦。当日寇无条件投降的消息8月11日传到斗南村时，小说尚差两千字。到当天下午两点，他写完了最后一句话。这本书稿历经4年而写成，而实际写作时间还不足两个月，最后在村里人们鸣放的庆祝抗战胜利的鞭炮声中结束了全书的写作。

日寇投降的消息让广田彻夜难眠，他怀着无比喜悦的心情，为朋友魏荒弩写了一个条幅留作纪念——杜甫《闻官军收河南河北》："剑外忽传收蓟北，初闻涕泪满衣裳。却看妻子愁何在，漫卷诗书喜欲狂。白日放歌须纵酒，青春作伴好还乡。即从巴峡穿巫峡，便下襄阳向洛阳。"

第二天，李广田便在欢庆抗战胜利的兴奋和《引力》完成的喜悦之中，雇人挑了简单的行李，冒着微雨，走过一段颇长的泥泞道路，搭火车回到昆明。之后，他又不断修改，在1946年复员北上到了南开大学后，他仍在细心修改，并边改边在《文艺复兴》杂志上连载发表。此书后来于1948年6月由上海晨光公司出版，全书共19章。

《引力》的全部故事，围绕着中学女国文教师梦华不甘过沦陷区那种亡国奴生活，而不惧危险，不辞辛苦，带着幼女化装通过封锁线，千里迢迢到大后方寻找丈夫孟坚这条主线展开，反映了沦陷区里日本侵略者对中国人民的种种令人发指的暴行，以及游击队的斗争活动，青年学生的自发反抗和国民党大后方的混乱污浊。作品塑造了有爱国心的女教师黄梦华及其丈夫、向往革命的中学教员雷孟坚，以及他们周围的一些不同类型的人物等形象，非常真实地反映了日寇入侵后这一特定历史时期的状况和各类人物的思想特征、不同心态，表达了不甘做亡国奴的人民对革命的向往。

小说的主题很鲜明，那就是抗日、反蒋、向往解放区。小说取名《引力》，其用意就在于表明：以延安为象征的中国共产党领导的革命事业是吸引广大知识分子强大的引力；广大知识分子都有着为人民解放而投身革命的愿望——这是严峻现实给知识分子带来的历史的必然！

其实，作品的这个用意正是作者自己的切身感受和由衷的向往。早在罗江流亡期间与陈翔鹤、方敬谈起何其芳已奔赴延安时，李广田就曾向朋友们敞开心扉，表示希望像其芳那样到延安去呼吸革命空气。

不难看出，抗战严峻现实的教育，帮助李广田树立了投身革命、向往延安的信念，而且这信念越到抗战后期越坚定了。李广田已经把拯救中国、拯救民族的希望寄托在延安的共产党人身上。他也要投身到共产党人的伟大事业之中！

小说中的男、女主人公孟坚和梦华的形象塑造，完全是李广田以自己和妻子的亲身生活经历为素材的。了解李广田的生平及文学活动的读者都敏感地看到了这一点。其实，像《引力》这样描述真人真事的作品，已经可以称为报告文学了。就连李广田的妻子王兰馨都有类似的看法，她说："小说中所写的几乎全是我到罗江找到广田后讲述给广田听的。广田全把它们如实地写下来了，只有最后孟坚到延安去的那个结尾不是真的，是广田加上去的。"

把小说写成了类似报告文学的东西，这大概正是《引力》不属于成功小说的一个重要原因。平心而论，诚如李广田自己在《引力·后记》里所说的："《引力》写得不算成功。""我的幻灭之感大半由于觉察自己的小说算不得'创作'，也不过是画了一段历史的侧面，而且又只画了一个简单的轮廓，我几乎相信我自己有一个不易超越的限制，我大概也就只宜于勉强写些短短的散文而已，这样想时，就难免有一种无可如何的哀愁。"

这说法中固然有一定的谦虚的成分，但李广田的确是明白自己的弱点的——“只不过是画了一段历史的侧面”。可是，这个“弱点”又恰恰是《引力》的特点——由于“画了一段历史的侧面”，成了反映抗日战争的真实的长篇记录，具有较高的认识价值和历史价值。这道理正如一位从希特勒掌握中逃到美国去的大作家所说的那段话所表明的那样——李广田很赞同这段话——“我们都是世界上极少发生的最大社会变动之一的目击者，而我们作家最先有将我们这时代所遭遇的事事物物提供见证的责任。我们仅须将我们自己的生活、我们自己的经验忠实地道出……恐怕已经比一部虚构的小说成就得更多了。”

大概也正因为具有比“虚构的小说”大得多的成就，《引力》问世后，不仅受到国内文艺界和读者的重视，而且在日本引起了强烈反响。日本的中国研究所最早出版了冈崎俊夫的节译本，接着，高田浩的另一节译本也登载于1950年12月的《中国语杂志》上。1952年岩波书店又出版了冈崎俊夫的全译本，这一全译本截至1959年4月，一连再版11次。连日本的研究者们都认为，一部现代中国文学作品有如此出版数量，在日本是罕见的。还有不少日本评论者，从他们的感受和艺术旨趣出发，纷纷撰文，研究和评述《引力》及其作者。

李广田深知自己不擅长于创作长篇小说的弱点，所以他整个的文学生涯中就只写过这一部长篇小说。虽然他早在1939年曾经计划过要写两部长篇小说，可终究没能写下去。

而这一次写《引力》，从提笔到完成，前后长达4年之久，李广田还是终于坚持写完了。——单凭这一点，也足以说明他对这部小说的题材及其主题热爱到何等不肯割爱的地步了。就因为这是他炽烈的爱国热情和执着的民族意识的寄托，他要通过这部小说强烈地表达自己对日本帝国主义的仇恨，对国民党反动派的仇恨，和对共产党的热爱，对革命事业的热烈向往。——而这一点，就连日本研究者都充分注意到了。《引力》节译本与日本读者见面后，译者冈崎俊夫在译后记中写道："小说震撼我的心灵。中国民众慷慨激昂的亡国哀痛，对敌人的深仇大恨，凡此种种，都表露了强烈的民族意识。如此描述，既不是作家刻意雕琢，也不是渲染夸大。"

当《引力》全译本在日本出版后，冈崎俊夫在译后记中援引李广田给他的亲笔信，进一步分析了小说的主题："作家在寄给我的信中，对小说题作《引力》，有所说明，认为有这样的含意：以梦华而言，丈夫所在的自由区是一股'引力'；以孟坚而言，更自由的天地是一股'引力'。逃至四川的梦华，得知丈夫的此种情况，于是，虽未能同丈夫相聚，却并不灰心失望，而是循着丈夫的足迹，又向前迈进了。"

以后，日本出版的研究我国现代文学的专著《中国现代文学》（小野忍著）中，在"抗日战争和革命战争时期的中国文学”部分，对《引力》设专节论列，以较大的篇幅，夹叙夹议加以评述。这种处理，足以见出《引力》在日本研究者心目中的分量。

此外，20世纪70年代末在日本出版的一本《赵树理评传》中，日本作者釜屋修是这样把李广田与几位文学大家相提并论的：“赵树理生于1906年，较鲁迅迟25年，同巴金、丁玲、李广田、周立波等的诞生日期，差不多前后相差一二年。”从这样的叙述中，也可想象得出《引力》及其作者李广田在日本的影响。由此不难得出结论：《引力》中那种强烈的民族意识和深沉的爱国热情，也震撼了日本众多的读者和研究者——从这一意义上来看，《引力》的写作是成功的！

## “一二·一”的洗礼

日本帝国主义于1945年8月14日宣布无条件投降。人民胜利了！全国民众欢欣鼓舞，兴奋地庆祝这一历史性的胜利。在昆明，许多人从收音机里听到了这个喜讯，报纸也印了庆祝胜利的“号外”。

可是，抗战胜利的喜悦，转瞬便从人们的脸上，从人们的心里消失了。

欢庆胜利的鞭炮声犹如在耳，激动人心的庆祝场面仍历历在目，国民党反动派却在美帝国主义的支持下，加紧调兵遣将，大做发动内战的准备。中国又面临着两种前途、两种命运的大决战，中国又将被蒋介石那罪恶的黑手推向灾难的深渊。一场新的、严峻的考验摆在了每一个中国人的面前。李广田和历经八年苦难的中国知识分子们一道，又迎来了一场新的暴风雨的洗礼。

8月15日晚上，西南联大、云南大学、中法大学三校学生会在联大东会堂举行“从胜利到和平”的时事晚会，集中讨论胜利后的内战危险和如何反对内战的问题，向人们敲响警钟。

9月4日晚，三校学生会与昆明文协分会、中苏友协昆明分会、民主周刊社、自由论坛社、大路周刊社、人民周报社联合在联大召开昆明教育文化界庆祝抗战胜利大会，准备通过《实行和平、民主，建立新中国的宣言》，号召全国人民为争取和平而努力。大会进行中，遭到特务的捣乱。但进步师生们的严正立场和坚定态度，迫使那些见不到阳光的丑类灰溜溜地离开了会场。

这些活动，李广田都满腔热情地参加了。

重庆谈判还在进行，“双十协定”尚未签字，10月3日凌晨，昆明突然枪声大作，将人们从睡梦中惊醒。原来是蒋介石对云南龙云的地方势力发动了突然袭击。经过三昼夜的激战，龙云身边的警备部队被全部缴械，主力也被调往越南去受降。云南省政府被改组，李宗黄任代省主席，关麟征任省警备司令。于是，昆明被蒋介石的“嫡系”直接控制了。控制被称为“民主堡垒”的昆明这个大后方，是蒋介石发动内战的第一步。从此，枪声就在昆明响开了。人民又在流血。大家清醒地意识到，内战的阴云已经笼罩在中国人民的头上了。

11月初，在李广田的支持下，联大文艺社编辑发行的铅印刊物《文艺新报》创刊，半月一期。创刊号第一版第一篇便是李广田的《人民自己的文学》一文。11月16月，《文艺新报》第二期出版，开始设"文艺信箱"，"特约闻一多先生、李何林先生、李广田先生为本信箱导师"，为读者解答文艺理论、文艺思潮、作品形式、内容及其他问题。

11月25日晚，西南联大、云南大学、中法大学、省立英语专科学校4校学生会，在联大新校舍草坪上召开了反对内战、呼吁和平的座谈会。

座谈会原定在云南大学召开，当天的昆明各报都登出了新闻。下午6点来钟，云大校门四周已密布荷枪实弹的军警，实行戒严。座谈会后来改到联大举行。待军警获悉改动地点，又赶到联大包围时，联大的校门已牢牢地从里面关紧了。

晚上七时半许，座谈会如期举行，参加者空前踊跃，除4所大学的师生外，还有部分公教人员和中学师生，达5000多人。会议正常进行到8时20分左右，突然停电了。校园周围响起了小钢炮、重机枪、冲锋枪、步枪的吼叫声，还夹杂有手榴弹的爆炸声。这是军警特务的破坏与恫吓。有同学镇静地点起了两盏汽灯。闻一多挺身走到台前高喊："不要动！坐下来！我们不怕！"同学们在台下紧接着喊起了口号。

正在演讲的费孝通高声喊道："我们不怕机关枪！我们要和平！"李广田和同学们一样情绪激昂，高呼口号。在枪炮声的伴奏下，5000多人在子弹的火网下继续开会。最后，大会在热烈的掌声中通过了《昆明各大学全体同学致国共两党制止内战通电》和《呼吁美国青年反对美国参加中国内战的通电》。到了9点多钟，大会按原定计划圆满结束。

可是，第二天的国民党报纸却刊登了一则电讯，诬蔑头天晚上参加大会的几千群众为"土匪"："（中央社讯）本市西门外白泥坡附近，昨晚七时许，发生匪警，当地驻军据报后，即赶往捉捕，匪徒竟一面鸣枪，一面向黑暗中逃窜而散。"面对如此的公开造谣诬蔑和头天晚上对会议的破坏捣乱，群众愤怒了！昆明愤怒了！全市31所大中学当即宣布联合罢课。西南联大学生会于26日成立了"罢课委员会"，宣布罢课3天，并向当局提出要求："一、追究射击联大事件的责任问题。二、立即取消24日党政军联席会议禁止集会游行之非法禁令。三、保障同学的身体自由，不许任意逮捕。四、要求中央社改正污蔑联大之荒谬言论，并向当晚参加大会之人士致歉。"

11月28日，昆明市中等以上学校的罢课委员会成立。由于3天罢课期满，反动当局毫无答复，"市罢委会"宣布无限期罢课，并发表了《反对内战及抗议美国武装干涉中国内政告全国同胞书》。同一天，昆明国民党的党政军联席会议开会，决定强迫学生复课，否则将大规模捕人。

11月29日，针对这个反动决定，市罢委会组织了5000人示威游行，与之对抗。也就是这一天，《文艺新报》赶出了反对内战、支持罢课的“号外”，第一版第一篇就刊登了李广田的《关于高尔基》一文。文前特加“编者按”：“当法西斯的匪帮被反法西斯的联合阵线打垮了一大半的时候，为了纪念高尔基逝世九周年，李广田先生写下了这一篇文章。在这里作者特别强调了‘文化的主人翁们，站在哪一边？’现在反法西斯的战争虽已完全获胜，但由于美国支持中国内战政策，及隐约间两个阵线的对垒，使我们深切地感到高尔基当年就极清楚地料到的。也正因为如此，李先生才觉得更有介绍的必要。在这篇文章里我们定能得到不少的启示的。”

李广田在本文中着重指出：“现在，像高尔基当初向美国的知识分子所号召的，我们还应当继续号召，向文化的主人翁们，向文学工作者们，无论是世界的，无论是中国的，无论是为了世界，无论是为了中国，我们要提出警告：‘你们，文化的主人翁们，这是你们决定站在哪一边的时候了。还是帮助那不熟练的文化劳动军，帮助他们创造新的生活形式呢，还是反对他们，而维持那些不负责的掠夺者所构成的等级呢——它正从头到脚地腐烂着，只是因为惰性作用才能够苟延残喘？’”在当时的情势下，李广田提出这个问题，是颇有深远意义和现实的指导作用的。

这一期《文艺新报》甫一出版，即遭查禁。后转为在校内发售，继续广为宣传。

学生在坚持罢课，在分组上街宣传，反内战、反独裁、争和平、争民主的声音响彻整个昆明城，得到昆明人民的极其广泛的同情。而敌人却在磨刀霍霍。11月30日，特务四处出动，沿街追打学生宣传队。还有人风闻云南的特务聚集在国民党省党部宣誓："为党国牺牲！"

看来，敌人是真要动刀了。12月1日清晨，罢委会贴出布告，暂停外出宣传。可特务仍打上门来了。从上午9时到下午4时，大批特务和身着制服、佩带符号的军人，携带武器，分批闯入云南大学、中法大学、联大工学院、师范学院、联大附中，捣毁校具，劫掠财物，殴打师生，甚至投掷手榴弹，屠杀手无寸铁的学生，炸死了于再、潘琰、李鲁连、张华昌4人，重伤11人，轻伤14人，造成了一场自"1926年'三·一八'惨案以来将近20年间所没有发生过的大惨案"，震惊了全国，激怒了千百万群众。

第二天下午，于再等四烈士入殓典礼在联大图书馆前举行。上万人佩戴黑纱肃立着，当四烈士血迹未干的遗体由图书馆里抬出来放进棺木时，民主广场上一片哭泣声，李广田也悲愤地站在队伍里。

如果说，八年抗战中的每一场风风雨雨，每一次所见所闻的残酷现实，都像是给李广田那正直善良的心灵里一次又一次地填进了炸药的话，那么，这震惊全国的一二·一惨案可以说就是点燃了这些炸药的一根导火索，“轰”的一声巨响，彻底地震撼了李广田！他思想深处最后尚存的一点不甚明确的认识被震飞了。他心里埋藏着的那一座没有爆发的火山，现在终于爆发了。那蓄积了多年的、滚烫的岩浆现在终于冲出了火山口，迅猛地汇入了巨大的民主运动的洪流之中。

从惨案发生后的第二天起，李广田接连几天都在四烈士的灵堂守灵。灵堂设在联大图书馆，前来吊唁的人每天络绎不绝，除教师学生外，还有村夫农妇、职员工人、商人店员，连僧人都送来了挽联，地方上层人士也来哀悼。有人扶老携幼从几十里外赶来拜别烈士遗体，有人专程捧献挽词于烈士的灵前。他们用不同的方式，向死难烈士表达崇高的敬意和人世间最深厚的情义。前来吊唁的人数达15万人以上，而昆明市当时的总人口仅有30万人。灵堂里挽联和花圈层层叠叠，悲恸的抽泣声不绝于耳。这个灵堂显示了民主战士的英勇无畏，充满了对国民党反动派的血的控诉。

李广田连续几天在这里守灵，受到了铭心刻骨的教育，上了非常深刻的一课，学会了爱，也学会了恨，学会分辨勇敢和懦弱、黑暗和光明。他写下了这样一首祭诗——《我听见有人控告我》。这首诗，是他在惨案发生前后几日内的切身感受，是他感情变化的真实记录，是他诚挚的心声。他向烈士表达了自己由衷的敬意和后死者的战斗决心，向世人表明了自己在严峻现实面前所做出的抉择！

《文艺新报》于12月16日赶出了第四期:《“一二·一”

殉难烈士纪念专号》。第一版第一篇是联大文艺社、新诗社、剧艺社、冬青社、阳光美术社、高声唱歌咏队六大文艺社团联名的《祭四烈士文》。第二篇就是李广田写于12月5日的杂文《不是为了纪念》。

这篇杂文，从题目上就使人们很快想到鲁迅为纪念左联五烈士殉难而写的《为了忘却的记念》，文章本身也确是明显地继承和发扬了鲁迅《记念刘和珍君》的战斗抒情的文风。在文章的最后，李广田大义凛然地、信心百倍地发出战斗的召唤："希望在我们面前，我们要奋然前进！而'一二·一'正是进军的口号，'一二·一'使我们的步伐更一致，'一二·一'唤我们勇敢向前！"

李广田这篇文章写得好极了，它"不是为了纪念"，而是为了行动，为了战斗！它正是李广田奋身投入战斗的宣言。这一期《文艺新报》上的很多诗篇、杂文、通讯、特写，大多数是用笔名发表的，而李广田毅然署真名发表，无所畏惧地以自己的坚定言行，做了自己在严峻现实面前站在哪一边的最好说明。这篇文章后来成为一二·一运动史料的历史性文献之一，为好多个选本所选用。

一二·一运动是抗战胜利以后的第一个大规模的学生运动，它有力地揭露了国民党反动派卖国独裁的真面目。"一二·一惨案"是全国政治的缩影。昆明的学生与教授的命运，也是全国人民的命运。昆明的民主运动，是全国民主运动的一部分。严峻的现实擦亮了李广田的眼睛，他在斗争中提高了觉悟，坚定了信心，彻底抛弃了从前那种“日边清梦断”的幻想，不畏强暴地、忘我地投入到民主运动中。他在“一二·一”的召唤下“勇敢向前”了！

1946年春，联大各文艺社团准备成立艺联，请闻一多、李广田题词。闻一多题的是“为人民服务”，李广田题的是“不只暴露黑暗，更要歌颂光明”。李广田这两句题词，让青年学生体会到他对党的热爱和对革命必胜的坚强信心。

3月17日，是“四烈士”出殡的日子。国民党当局规定，不准出声，不准喊口号。“罢委会”便采取了巧妙的斗争策略，特别是利用路祭的方式进行斗争。这天大清早，昆明有两万人集中在联大图书馆前。出发前，全体肃立，向烈士致哀。八点钟，送葬的队伍出发。走在前面的是纠察队，接着是主席团。李广田挺身参加路祭活动，和青年们一起坚持了8个小时的游行。昆明市万人空巷，都跑到大街边向烈士致敬。沿街设了好多祭桌，上铺洁白的桌布，放着四烈士遗像。有一个祭桌置于国民党省党部的右侧。联大教师吴征镒就在这个魔鬼巢穴的门口，高声朗读祭文，庄严宣告：“你们安眠吧：因为今天，我们两千未死之人——你们的同学、同志、伙伴，以无限悲哀和无比坚决的心情在你们的灵车前宣誓：我们一定踏着你们的血迹更勇敢地前进！”这誓言也表达了站在队伍中的李广田的心声。

悲壮的队伍，像一道铁流，流过昆明最繁华的街

为“四烈士”出殡

道。它控诉了反动统治者的凶残，显示了民主战士的决心。队伍最后把烈士遗体送到联大新校舍墓地。下午4点多钟，公葬典礼在沉重的气氛中开始。上万人目送烈士安葬。他们眼睛里饱含泪水，胸中燃烧着满腔的怒火，心里充满了仇恨。司仪在鞭炮和哀乐声中宣布礼成后，闻一多在广场上致悼词：“我们一定为死者报仇，要追捕凶手。我们要追到天涯海角，这辈子追不到，下辈子还要追！这血债是要还的！”

此时，听着闻一多先生的誓词，李广田内心的悲愤也达到了极点！后来，他在《日边随笔》的“序”中写道，“然而从‘一二·一’惨案以后，就连那座古老的‘近日楼’也变成了战场，这正应了我们时常引用的那句话：‘一边是荒淫无耻，一边是严肃的工作’，一边是昧着良心造谣中伤，一边是青年们冒着生命的危险在为人民说话。这一斗争，今天还正在坚持，正在扩大，这成了中国人民的生死关头。”

这段话充分表明李广田已经站稳了人民的立场，爱憎分明地踏上了做一个为人民争民主的战士的道路。

暑假来临了。虽是盛夏，然而昆明的政治气候却是严酷的，寒冷的。这时联大开始复员迁校，一批批的师生离开了昆明。闻一多还没有走，因民盟正在争取有公开活动的权利，不少工作要交接，还需要办一个报纸。为此，闻一多自告奋勇地在昆明多留几天。7月11日，联大最后一批学生早晨离昆北上，晚上10点钟光景，国民党特务就在昆明街头用微声手枪暗杀了李公朴。这是一个阴雨绵绵、人心惶惶的日子，谣言蜂起，军警林立，春城成为一座恐怖的危城。

暗杀只能暴露反动派的凶残和卑劣，从来封不住人民的嘴。昆明人民对于李公朴的死深表哀悼。闻一多大义凛然地站出来主持李公朴的后事。7月15日上午10点钟，李公朴治丧委员会在云南大学至公堂开会，会场洋溢着严肃而悲愤的气氛。李夫人张曼筠悲痛地在台上报告李公朴遇难经过，台下却有特务故意捣乱，说笑打闹。闻一多不顾一切跳上台去，拍案而起，即席发表了“最后一次讲演”，面对特务的枪口、刽子手的狞笑，闻一多大无畏地表示：“我们不怕死！我们有牺牲精神！我们准备随时像李先生一样，前脚跨出大门，后脚就不准备再跨进大门！”

可是，当天下午5点多钟，国民党特务竟敢冒天下之大不韪，在离闻一多所居住的联大教工宿舍不到20米的地方，放黑枪杀害了闻一多。

李公朴的遗体尚未火化，闻一多又牺牲了。这种空前残酷、丑恶、卑鄙的暗杀手段，激起了全昆明人民、全中国人民的愤怒抗议，“反内战！要民主！要自由！”的呼声响彻全国。

闻一多遇害这一天，李广田天黑以后才回到家，他一天没有吃饭。妻子递过饭碗去，只见他几滴热泪落在碗里，饭却咽不下一口。这是怎样一个豺狼当道、法纪凌迟的世界啊！他在这血淋淋的教训中更加惊醒，更加感奋！他对自己的学生说：“国民党反动派倒行逆施，下毒手杀害了闻一多。也就注定了它自己灭亡的命运，反动派杀了闻一多，人民也最后抛弃了反动派，我们要和反动派拼到底！”他在《自己的事情》一文中也坦诚地说：“尤其是闻先生的死，使我了解了更多的事实，也确定了更大的信念。”

闻一多牺牲后，全国各地的唁电、唁信、抗议书、呼吁书像雪片般向昆明飞来。中华全国文协总会召开大会追悼闻一多，发表了为李、闻惨案告世界学者书。田汉先生还建议，由留昆的“李广田、李何林先生把闻一多先生的著作搜集起来，广泛地印行出去”。当李广田获悉自己也被列入国民党特务的暗杀黑名单时，他毫无畏惧。他痛恨反动派的法西斯暴行，决心踏着民主斗士的血迹前进。他和李何林一道，着手整理闻一多的遗著，为日后出版闻一多的选集、全集，使他宝贵的学术成果得以永留后世而做准备工作。

# 复员北上

西南联大宣告结束后，清华、北大、南开三校复员北上。李广田怀着因“一二·一惨案”和“李、闻惨案”激发的满腔悲愤和坚定信念，携家眷北上，先在天津南开大学任教，后又执教于清华大学。他积极支持学生运动，勇敢投身于民主运动之中，表现了比以往任何时候都大得多的热情和勇气。

1948年8月，李广田加入了中国共产党。从此，他自觉地把文学活动与教育活动同党的事业紧密地结合起来，他的文学活动与教育活动也进入了一个新时期。他倾注了很多精力和心血，努力建立一种严正的文学批评，写作了为数相当可观的文学批评和文艺理论文章，成为一位卓有建树的文艺理论家。

## 痛斥暴力　反对内战

西南联大的历史使命于1946年7月31日宣告结束，清华、北大、南开三校复员北上，重返北京、天津。8月中旬，李广田怀着因“一二·一惨案”和“李、闻惨案”激发的满腔悲愤和坚定信念，携家眷离开昆明，踏上了复员北上的征途。之后，无论是先在天津南开大学任教的日子里，还是后来执教于清华的岁月中，李广田都积极支持学生运动，勇敢投身于民主运动之中，表现了比以往任何时候都大得多的热情和勇气。

复员北上途经重庆时，李广田和朱自清参加了重庆文协分会的欢迎集会。与朋友们相聚，分外高兴。重庆《新华日报》还发了电讯报道，并说他们不日将飞北平。

在重庆候机的日子里，李广田专程去看望了学生时代的老友、“汉园三诗人”之一——何其芳。此时，何其芳担任《新华日报》社副社长、中共四川省委宣传部副部长，在周恩来同志的直接领导下工作。好友重逢，感慨良多，彼此勉励，互道珍重。

北方的清秋，天空是那样澄明。李广田在北平短暂停留后，便赴天津南开大学国文系任教。青龙潭畔的南开校园是静谧的。李广田一家人住在校园内西柏树村26号这个僻静的小独院里。庭院内植有几棵柏树，阳光从树顶上面撒下斑驳光点。院落后面不远处有被称为“双溪”的两条涓涓细流，环境是幽静的。

蒋介石的内战政策给国统区人民带来了极大的痛苦，物价一日三涨。工厂倒闭，工人失业。教育经费削减，教员学生吃不饱饭，国民党用于内战的军费却大幅度增长，广大人民挣扎在饥饿线和死亡线上。平、津、沪的学生决定于5月20日举行游行示威，同学们走上街头，高呼“要饭吃，要和平，要自由！”“反内战、反饥饿！”的口号，沉重打击了国民党的内战、独裁、卖国政策。

天津的学生分两路游行。南开大学这一路队伍刚走到迪化道（现鞍山道），便遭到预伏的200多名特务、暴徒的突然袭击。皮鞭、警棍、石块、砖头一齐向学生打来。简正芳、赵桂华、李恩泽3位同学被打得头破血流，当场昏倒。这次游行，共有6人被捕，20多人受伤。这就是国民党造成的天津“五二〇”血案。

血案发生后，京津各大学罢课声援南开大学。南大的大多数教师都很同情和支持学生的反蒋爱国斗争。还在血案发生前一天，李广田和其他教授、讲师等共60余人就联合签名，发表《告同学书》，坚决表示：“对于你们这次反内战、反饥饿运动，我们实在同情。你们所代表的是中国广大人民内心所共有的意见。我们相信，凡是对于国家的现状感到痛心的人，都愿和你们站在一起。”血案一发生，南大教职员立即为受伤同学捐款300余万元

（旧币）作医疗费，李广田和一些进步教授冒着风险赶往慰问。

李广田热情地关心学生运动，积极地支持学生运动。他总是站在进步教授的前列，给需要支持和声援的同学以及时的、有力的支持。在进步教师签名发表呼吁和平宣言等联合行动中，他也总是挺身在前，表现得坚定和勇敢。他自觉地为民主运动奉上自己火热赤诚的心。卞之琳几十年后在为《李广田散文选》写的序中，回忆起这段时间的生活说："我们都住在西柏树村，南北相隔一箭之遥。内战重开，形势日紧，广田家里进步青年川流不息。"

《大公报》1946年9月27日的"文坛人物杂记"中，作者董桑如此介绍李广田——"他严肃、认真而且热情。他有疾恶如仇的精神，他的谈锋，他的笔，无一不指向黑暗、落后、腐败的势力，他的演讲总是吸引不少的听众，他的声音不大，不高亢，但内容是朴素亲切有力的，使人折服的……"

## 清华园里迎来曙光

国民党当局又一次对李广田发出通缉令，经朱自清先生邀请，李广田于1947年秋天由南开大学转到清华大学国文系任教。先住照澜院3号，后住新林院32号，都是单家独院的平房。

由于黑暗统治势力的压迫一天比一天厉害，李广田对反动派的仇恨也一天比一天加深。他的进步倾向更鲜明、更强烈了！他更勇敢地参加青年人的行列。同学们举办的许多集会、讲演、座谈，有些人还不敢参加，但是李广田几乎是每次都参加。当时国文系的人还不多，师生加起来也就几十人。李广田和朱自清、余冠英等几位进步教授成了国文系教师中进步的中坚力量。他们几位生活俭朴，作风朴实，治学严谨，在学术上有影响，在同学中有威望。在他们的带动下，多数教师的表现都很不错，整个系的风气比较正，就连少数几位学究味过重、夫子气过浓的教授也受到了他们的感染和影响，逐渐在进步，全系师生团结相处得很好。

李广田的家，是进步师生们经常出入的地方。系里组织的联欢会等活动，好几次都是在李广田家里举行，气氛融洽，欢快。

李广田不仅充满热情，而且开朗多了。1947年的除夕，国文系举行同乐晚会。从解放区传过来的秧歌当时已经开始流行，当天晚会的主要节目就是扭秧歌。同学们给李广田和朱自清先生化了装，还让他们披红挂绿，戴上一朵大红花。他们兴奋地和同学们扭在一个行列里，而且扭得最认真。看着他们这种精神，在场的师生无不兴奋，无不感动。1948年初，在国文系举行的朗诵会上，李广田和朱先生合作，朗诵了臧克家的《老哥哥》这首诗，朱先生扮长工，李广田演地主家的小子。他们都进入了角色，演得很动感情，博得师生阵阵的掌声。

“威武不能屈，贫贱不能移，富贵不能淫”的确是中国正直的知识分子可贵的传统。在精神生活如此充实、进步热情如此饱满的同时，李广田和朱先生他们的物质生活条件却是极为艰苦的。穷困久久地伴随着大学教授们。李广田在写给友人的信中曾表白了这样的苦衷：“内子失业，小女失学，长夜茫茫，不知何时到天明。”《清华北大联合报》第五期登载的“马贤教授谈话”中也提到：“李广田师母已患胃病，上月定了二磅牛奶，定费付不起，只有不定了。”真是饱经忧患，历尽艰辛。

随着革命形势的发展，地下党组织决定要培养一些有影响的进步教授加入组织。经过分析，联系西南联大以来的一贯表现，党组织决定在国文系先发展李广田和朱自清，并指定学生中的地下党员、校学生会理事、校女同学会文艺部长、国文系学生会主席陈柏生负责发展工作。组织的考虑是先发展李广田，再发展朱先生，因为比较而言，李广田的进步倾向更鲜明一些，与学生更接近一些。校学生会组织的“文艺讨论会”等活动，总是有意识地多请李广田参加，让他从进步同学的发言讨论中多受教育，进一步提高认识。在与进步同学多种形式的接触中，他自己也感到很受启发，思想上很有收获。他参加各种进步活动越来越积极了。有些活动需要签名的，他总是大胆勇敢地签名。有些场合需要他发表讲话的，他总是旗帜鲜明地讲。他对不少问题的看法都跟得上时代的发展步伐，距党组织对他的要求越来越接近了。

很多事实表明，李广田是在紧跟着时代进步的，而且进步得很快，很踏实，一步一个脚印。党组织认为，发展李广田的时机已经成熟。于是，陈柏生代表组织与李广田进行了几次正式谈话，向他讲明若加入党组织将随时有被捕的危险。但是，李广田毫无畏惧之情，表示了自己迫切要求加入组织的坚定信念和不怕牺牲的决心，表示要多为党做工作。这在当时那种白色恐怖严重的情况下，一般在学问上已有所成就的人，多少会有所顾虑，不像青年学生那样无牵无挂。但李广田却毫无顾虑，坚决地靠拢党组织，这确乎是难能可贵的。反复考察的结果，组织认为，李广田对党的认识是正确的，有基础的，入党动机是纯的。于是，让他写自传。他郑重地、严肃地、一丝不苟地写好自传交给组织。时间不长，李广田的入党申请被组织批准了！这时，是1948年8月。

这在李广田的历史上，是一个多么令人难忘的日子啊！ 从这个时候起，李广田成为一名中国共产党党员！他的生命展开了一个绚烂的新时期！他从一个贫苦农家的穷孩子，走过了艰难曲折的道路，经历了探索和苦斗的历程，不断地追求进步，不断地追求真理，在进入不惑之年后，终于找到了马列主义这个伟大真理，找到了中国共产党！从此，他矢志为中国人民的革命事业奋斗终生。从此，他自觉地把文学活动与教育活动同党的事业紧密地结合起来，他的文学活动与教育活动也进入了一个新时期。

真理的熠熠光华照耀着李广田，他心里充实多了，也比过去忙多了。他家里的客人比以前更多了，夜里也有客人来，他们悄声细语，神情严肃。有时，李广田还把自己的衣帽送给客人穿戴。原来，这是一些辗转去延安和解放区的青年学生和地下工作者，有的是来商量工作，有的是来辞别，李广田的心和他们紧紧地连到了一起。

1948年下半年，国民党反动派加紧了对进步学生的迫害。8月19日，伪报公布了250名学生的黑名单，限这些学生第二天到伪特刑庭投案。19日到21日，清华园里的气氛不同寻常地紧张，国民党军警包围了学校3天，要搜查逮捕进步学生。21日这天，李广田和余冠英等教授分别“陪同”反动军警去搜查。党组织指示李广田：以教授身份出面，“团结知识分子，保护学校，掩护进步学生，不能让反动派抓走一个人”。这次搜查，由于地下党事先得到了情报，在19日前就分头通知了列入黑名单的人员转移隐蔽，所以没有造成多大损失。而就在21日军警搜查时，李广田自己家中就正隐藏着已被列入黑名单、因布置安排其他同志转移而自己尚未来得及撤走的中共北系总支书记梁朋同学。李广田机智地迷惑了敌人，冒着风险将梁朋藏了一夜，第二天又迅速将梁朋安全转移了出去。李广田以一个共产党员的耿耿忠心为党保护学校中的革命力量，尽了自己最大的努力。

加入党组织之后，李广田除明显地表示了不怕牺牲的精神外，还显示了很强的组织纪律性。入党前后，他一直是由介绍人陈柏生单线联系。不久，组织通知他们，以后另派他人直接联系李广田。于是，相当一段时间内，陈柏生都不知道李广田是与谁联系。因为李广田很听组织的话，按照地下工作的原则，见了陈柏生都不告诉自己现在是与谁联系。新联系人布置的工作，他也不和陈柏生交谈。几十年后，陈柏生回忆起当时李广田这种表现，还很爽朗地笑着说："李先生当时听组织的话，就像一个小学生听老师的话一样，老实极了。组织上叫怎么做他就是怎么做的。"

1948年底，代替了闻亭钟声的是那临近解放的隆隆炮声，清华一些教授启程到南方或到国外去了。一位好心的朋友劝李广田到美国去，说"你是北大英文系出身的嘛！"李广田谢绝了。一个经过多少年的曲折和探索才终于站到了党的旗帜下的战士，当看到党所领导的解放战争就要获得全面胜利时，怎么能离开自己的战斗岗位呢？一种追求新世界的渴望之情时时流露在他脸上，他忙得更欢畅了，工作得更积极了。他耐心细致地做一些教授的思想工作，劝他们打消顾虑。他关心他们，帮助他们分担一些困难。在这些临近解放的日子里，还常有一个秃头、和蔼的中年人出入李广田家，这就是北平地下党负责人、华北局城工部长刘仁。在刘仁的坚强领导下，很多革命者坚持着艰苦的斗争，有的甚至付出了生命。在清华园里，地下党领导进步师生，通过各种形式，号召大家配合解放战争胜利发展的新形势，开展更深入的团结教育知识分子的工作，准备迎接人民解放的到来。李广田在地下党支部的领导下积极开展工作，活跃于各社团和学生之中。

12月13日中午，远处传来阵阵炮声，很快地由远而近，机关枪声也清晰可闻了，学校下午宣布停课。人们兴奋地到处传递着解放的信息。15日，中国人民解放军进驻海淀。清华园解放了！

1949年1月31日，北平和平解放。这座文化古都完整无损地回到了人民手中。清华园也获得了新生。水木清华，伫立在冬日的阳光下，古老而又年轻。当荷塘里的冰渐渐消去，大礼堂前的草坪又返青的时候，新的春天来临了。一张大红布告贴在清华园的门楼墙上："中共清华大学党支部名单"，上面庄重地写着："何东昌、屠守锷、樊恭烋、李广田……"当李广田11岁的女儿小岫挤在人群中读到父亲的名字时，感到很光荣，很骄傲！她赶紧跑回家去，兴奋地抱住父亲："爸，你是党员？布告都贴了！"解放了的清华园，不再是《荷塘月色》中的那种苍白的静谧，而是一片欢腾，洋溢着喜悦和欢笑。秧歌队、歌舞团、骆驼剧社，十分活跃。人们冒着寒风，进城去迎接解放大军入城。穿过了旧社会的漫漫黑夜，李广田终于迎来了人民解放这一胜利的伟大节日！

北上复员之后，无论是在南开还是在清华，李广田都有一个明显的特点，那就是诚恳地关心青年，热情地爱护青年。一方面自觉地从进步青年身上汲取前进的力量，一方面热诚地教育青年，引导青年不断进步。

陈柏生同学是李广田的入党介绍人，可是李广田从不因为这种关系，就放松了作为老师对学生的严格要求。陈柏生心里也很清楚，李广田老师是最看不起不学无术的人的，因而学习上更刻苦，边搞学生运动边搞好学习，从不耽误功课，考试成绩也相当好。李广田对此很高兴。在指导陈柏生做毕业论文时，李广田既认真细心地提出意见，又绝不轻易删改她的观点。这种对青年学生的爱护和尊重，使她非常感动。

还有个女同学汪瑞华是系学生会的常务干事、地下党员，有一学期因学生运动的事情太忙，没参加一门课的考试。李广田便写了封信给她，语重心长地说："学东西要有始有终，既要搞好学运工作，也不要把学习丢了。"多少年之后，汪瑞华都难以忘却这事，一直很感谢李先生的关心。

郭丁同学（新中国成立后任中国人民大学教授）有一次写的作文中表示了对国民党的不满，骂了国民党。李广田认真批改后在批语中提醒说："注意策略，不要太直。"看完批语后，郭丁心里热乎乎的，深感李老师的热情爱护之可贵。的确，在那种黑暗环境里，不注意一点是不行的。

高庆琪同学（新中国成立后为《青海湖》文学月刊编辑、作家）和另一同学首次去看李广田老师时，正在伏案修改长篇小说《引力》的李广田，笑容可掬地站起来迎进这两个年轻学生，之后又围绕文学艺术和他们俩谈了近三个小时。高庆琪第二次去访问李老师时，偶尔瞥见他摆在书桌上刚刚脱稿的《引力》后记，说打算借阅一下，李广田当即毫不犹豫地交给了他。事后看着那秀逸的毛笔字，那行云流水般的文笔，高庆琪感到自己冒昧和唐突了：这是唯一的手稿，要是万一不慎遗失，怎么办呢？然而，李广田就是这样以一片赤诚之心接待一个还不大熟悉的青年学生的。

华遵汤（后改名凌力学）同学当第一次与李广田老师面谈，要求选修他的"大一国文"时，顺便拿了自己写的两首诗稿请他看。隔了一天，华遵汤就收到了李先生的一封短信，要他把其中写得较好的一首诗稿重抄一份，说准备替他推荐到《文艺副刊》发表。华遵汤感动极了——"才第一次接触呀，李先生是这样认真，这样热情！"

无怪乎《大公报》的"文坛人物杂记"中曾如此介绍李广田："他给人的感觉是亲切，红红的脸上永远带着对于同伴的爱，对于友人的关切，对于全人类的关切。他关心每一个熟知的人，他的身边也同样有着多少人的友情的照顾。他生病了，友人们会不断地去照看他，房子里陆续不断地走进来学生、同事、友人。"也无怪乎《清华大学1948级年刊》一篇介绍文学院的短文《这里没有一个老夫子》中这样说道：

> 至于李广田先生更是大家所熟悉的，他的“文学概论”“戏剧选”“各体文写作”等班上，常常是挤满了旁听的同学。他爱青年，自己也有一颗青年的心，常常极诚恳而又有力地拉着山东调子说：“这时代只有青年才有办法。”创作方面，他指出了一条大家都该走的“路”。在新的观点上，他又给予大家一个文学的新观念，所以他一直是被大家所爱戴的。

而李广田自己则是这样敞开心扉的：“40年的岁月不为不长，然而一个人的进步竟是那么困难，那么迟缓的。好在我还没有衰老之感，相反，我还常常觉得年青，有时甚至感到幼稚，凭了这一点，我相信我还不会止步，何况我还有那么多年青的伙伴随时给我以鼓舞和督促。”（见《文艺书简·自己的事情》，开明书店，1949版）

1949年，中国人民迎来了解放，阳光洒满了中华大地。古老的北平沐浴着和煦的春风。清华园里生机盎然，历尽重重苦难的知识分子终于获得了新生。曾为全民族的解放事业冒过风险尽过努力、已成长为知识分子中的先锋队战士的李广田，此时更是百感交集，他兴奋，激动，立下了更坚定的志向，决心把自己的全部精力、全部聪明才智贡献给新中国的教育事业，为中华民族的繁荣昌盛培育英才。从新中国成立之日起，直至1968年被迫害去世这近20年间，李广田始终站在党分配的教育战线的领导岗位上，无限忠诚于党的教育事业，用自己的勤奋实践和模范行动，谱写了一曲优秀动人的教育诗章。

刚一解放，百废待兴，清华成立了校务委员会，挑起了领导全校工作的重担。李广田自1948年8月朱自清先生逝世后就继任国文系主任，现又被选为校务委员，千头万绪的工作压到了他肩上。1949年7月，他参加了全国文学艺术工作者第一次代表大会，当选为大会主席团成员、全国文联委员、文协理事。次年6月，参加教育部在北京召开的第一次全国高等教育工作会议，受到毛主席和周总理的接见。一个月后，北京市文艺工作者代表大会召开，他当选为北京市文联常务理事兼组织联络部长。

李广田 1949 年出席文代大会，摄于怀仁堂（李岫　提供）

1950年11月底，李广田担任清华大学副教务长，分管留学生工作和文科教学、科研工作。从这个月起，波兰、捷克斯洛伐克、罗马尼亚、匈牙利、保加利亚5国首批交换留学生35人陆续到达北京，进入清华大学学习。这是新中国成立后接受外国留学生的开端。

次年1月初，李广田应邀开始参加中央文学研究所的筹备工作并讲课。与此同时，当北京市为培训中学师资，按党关于“把旧的摊子接过来改造，思想上武装，业务上提高”的方针，专门为中学教师举办讲座而请他去讲课时，他同样是不辞劳苦，不计报酬地远道赶进城里讲课，为中学师资建设尽力。

李广田忙极了，忙得很兴奋。一面要安排教学、科研和留学生工作，考虑教育方案的改革；一面要授课，开讲座；一面要忙于做教授的思想工作，关心教师的工作、生活。李广田的工作热情很高，干劲十足。

有些还差一两年毕业的进步同学，由于革命需要，提前离校去参加南下工作团，李广田热情地鼓励他们说：“好啊，又上了更大的学校！”这话还包含了一个意思，即希望他们不要舍不得学业。他语重心长地对这些同学说：“要有吃苦的思想准备，要随时准备去克服困难。知识分子的思想改造是痛苦的，要有决心。人民群众是我们的母亲，要虚心向人民学习！”当有的同学对分配去做中学教师不大乐意时，李广田爽朗地动员他们说：“干什么不都一样？都是干革命嘛！”帮助他们愉快地走上工作岗位。

有的教授当时对党对革命的认识不足，思想情绪不够稳定，他就耐心去做工作，细心讲解党的知识分子政策。他东家进西家出，有时连饭都顾不上吃。他还布置一些学生干部去配合做这些教授的思想工作。帮助他们多了解共产党。有些教师生活上有困难，他就主动去关心，协助解决。在团结广大教师一道进步、共同为新中国建设出力这一方面，李广田做了大量工作。有的学生佩服地说："李先生简直是忘我了。为搞群众工作，搞党的工作，辛辛苦苦，不计较得失，不埋头自己的学问。"

在忙于各种工作的同时，李广田还安排出时间认真编选《闻一多选集》和《朱自清选集》，并撰写这两部选集的长篇序言，盛赞闻一多和朱自清的高尚品质、文学成就和斗争精神。这两篇序言写得很精辟，有深度，有力度，极富感染力。

## 努力"建立一种严正的文学批评"

复员北上之后，从南开到清华，李广田还倾注了很多精力和心血，写作了为数相当可观的文学批评和文艺理论文章，结集出版的有：《创作论》（1948年出版）、《文学枝叶》（1948年出版）、《文艺书简》（1949年出版）、《论文学教育》（1951年出版）。他之所以在这方面如此努力，目的是很明确的。他在《文艺书简·自己的事情》一文中坦言："复员两年以来，可以说毫无创作可言，我的兴趣转移到批评方面来了。我认为今天应该建立一种严正的文学批评，以配合今天的政治文化工作。”

此外，李广田还有一部生前未及整理出版的重要的书稿——《文学论》。它最早是在西南联大讲文学概论的讲稿。到西南联大执教后，李广田开始教授文学概论课，这在联大是第一次有教师开设这门课。当时有关这门课程的教学资料非常匮乏，于是李广田便自己动手编写课程讲义。边编写边使用，不断地做修改。全部的初稿完成于1946年，北上复员到了清华后，他在教学实践中又做了多次补充和修订。李广田在《文学枝叶》的序中提到：其中的某些文字“都是一时为了报刊的需要，从一部尚未定稿的《文学论》中删节或缩写而成，这就正如从一棵大树上裁下来的零枝散叶”；在《创作论·序》中，他又提到：“《创作论》十篇，是《文学论》里的一枝。”所以，从《文学枝叶》和《创作论》里，也可看出《文学论》的基本风貌。

李广田这些文艺批评和文艺理论著述，是他结合多年来丰富的创作经验，对艺术规律和文学的一些文艺理论问题潜心研究与探索的结晶，反映了他置身于民主运动的洪流之中，接受了现实斗争的教育和影响的进步的文艺思想。“他的文艺思想成熟于大量艰苦的创作实践之后，因为亲尝个中的甘苦，而且在主观上，他立志要‘建立一种严正的文学批评’，所以这类作品立论精审，分析剀切，颇多透辟的创见。在文字上也依然那么明白晓畅，质实无华。”（梅子《李广田选集·前言》，香港文学研究社，1978）加之他善用一些生动的比喻和恰到好处的举例说明，深入浅出，使精深的观点变得通俗易懂，在娓娓道来之中，读者心领神会，倍生一种亲切之感。

处于40年代中后期那种险恶、艰苦的环境中，相当一部分知识分子尚处于彷徨状态，有的甚而怀疑马列主义的进步文艺理论，而李广田能在脚踏实地的基础上，努力以马列主义的先进思想为指导，以现实主义为核心，联系亲身创作实践，深入浅出地用唯物史观来解释文学现象，来阐明文学的发生和发展、文学的社会本质、文学的社会功能及文学创作中的一系列问题，形成了自己的符合马列主义原则的文艺理论体系，实在是难能可贵的。

李广田讲授的《文学概论》课对学生产生了不小的影响，很多同学就是从这个时候开始接触文艺理论的。孙昌熙同学（新中国成立后成为山东大学著名教授）在晚年仍对此念念不忘，深情回忆道："正是这部皇皇巨著当初的雏形《文学论》讲义，改变了我整整一生的命运。"

应该说，李广田作为一位文艺理论家的地位，早在40年代中期，便已由他的第一本文学批评集《诗的艺术》（1943年由开明书店出版）的问世而确立了。这一点，香港著名的文学史家司马长风在他于70年代著的《中国新文学史》中这样明确肯定道："战时战后时期，像样的文学批评也就十分稀少，值得评价的批评家及理论家，仅三李、二朱及沈、艾、胡。三李是李广田、李长之、李健吾（刘西渭），二朱是朱自清、朱光潜，其余三人是沈从文、艾青和胡风。”“在战时战后时期有四部一篇五大诗论；四部是朱自清的《新诗杂话》，朱光潜的《诗论》，李广田的《诗的艺术》，和艾青的《诗论》；一篇即沈从文的《谈朗诵诗》。”这个结论是有文学史家的眼光的，客观公正的，的确反映了当时文学批评界的真实情况，恰当地揭示了《诗的艺术》在现代文学批评史上的位置。

《诗的艺术》是李广田努力“建立一种严正的文学批评”的第一次集中的实践。对他的这种努力和倡导，当时的评论界亦充分注意到了。在《诗的艺术》刚出版后，文艺批评家李长之便在《评〈诗的艺术〉》一文中特别指出了本书对于时代的意义——“一部批评文学最重要处正在给时代以指向，在这一点上，本书是尽了力的。”李长之认为：

> 这是一本上乘的批评集。……大凡一本好的批评文字，第一要有巩固的根据，第二要对当时的风气有着针砭，第三要这批评文字的本身也是可读的。就这三点看，作者是做到了。

也有评论者着重赞许《诗的艺术》“内容深厚雄伟”，“思想清新婉约”，充分肯定说，这“是几年来难得的一部批评著作，不只由于它是作者以平直流畅的文笔而为文学批评上的致力，内容精微而确当，可能接近较高的理想与期诣；更因为有本书里的立论代表作者对整个艺术乃至于诗的认识或看法，他的见解特别有他多年写诗的经历作基础，这样心得难能可贵。”（见李影心《评〈诗的艺术〉》，1947年1月31日，天津《大公报》）

其实，李广田对文学理论和文学批评是早在30年代初期就产生了兴趣的。在大学期间热心练习写作诗歌和散文的同时，李广田于1933年便写下了他的第一篇文学评论——《论果戈理的〈死魂灵〉》。1934年和1935年，他写了研究英国19世纪散文名家兰姆和哈斯利特的论文，并翻译过外国文学名论在杂志上发表。但当时他一直认为创作重于批评，便把主要精力放在了写作散文和诗歌上，故这一时期理论文章写得不多。

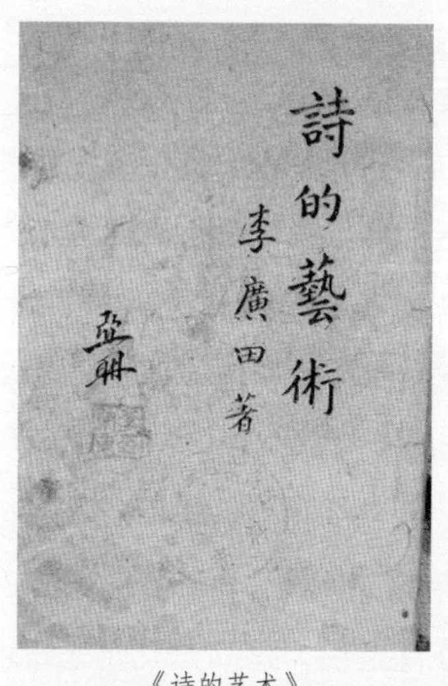

《诗的艺术》

抗战爆发后的流亡途中，在现实斗争生活的教育和启迪下，李广田开始思考和探讨抗战文艺问题，努力钻研马克思主义文艺理论。他认真学习普列汉诺夫的《艺术论》、卢那卡尔斯基的《艺术论》、片上伸的《现代新兴文学诸问题》，高尔基的《论文学》等等一些文艺理论书籍，并联系自己欣赏文学名著的心得和从事创作的实践体会，深入思考，潜心研究有关资料，打下了良好的理论基础。在抗战的颠沛流离的生活中，李广田格外关心青年学生，热情帮助热心文学的青年。为了帮助他们，李广田写了很多“与青年谈文学”之类的文章和书简、通信，从具体的文学问题出发，结合中外作家的作品，与他们谈文学创作的种种问题，包括诗歌、散文、小说、剧本、报告文学等体裁的写作、鉴赏、评论；谈文学普及与提高的问题；谈生活与创作的关系、内容与形式的关系、世界观与创作方法的关系；谈文学的价值，等等。这些文章和书简、通信后来分别收入他的几部文学论著中。

1946年，李广田完成了一部系统的文艺理论著作《文学论》的初稿，他自认为此书稿还不够成熟，希望有机会把它重新改写一次以后再出版。后来他因承担了繁重的行政领导工作而再也找不到这样的机会，该书的出版问题便一直搁置了下来。

后来，“文化大革命”的风云不仅把他这个愿望吹得烟消云散，甚至连此书的手稿都吹得不知去向了，以至于70年代末香港文学研究社出版《李广田选集》时，编者梅子先生在“前言”中都这样写道：“在李广田抗战末期的创作中，和散文一样精彩的是他的文艺评论。……它的代表作原是一部巨著：《文学论》，可惜作者对自己要求太高，以致到今天，我们还看不到它。也许，它已永远无法问世。”

期待着这部从未出版过的书稿问世的文学研究工作

者和读者，担心这部书稿也许“永远无法问世”，是有理由的。因为十年浩劫期间，李广田的所有藏书、自己著作的全部自存本，和从未发表过的手稿、笔记以及日记等，都被抄家抄得片纸不留。直到1978年秋天云南大学为李广田平反昭雪、落实政策，把一些能够找到的遗物交回给李广田的家属时，遗物中包括这部《文学论》手稿的上卷，而中卷和下卷却再也没有踪影了。至此，《文学论》才又有了重见天日的可能。整理劫后拾遗的这部《文学论》手稿上卷的任务，历史地落在了李广田女儿李岫（北京师范大学中文系教授）的肩上。整理完后，1982年底，在香港文学评论家梅子先生的大力帮助下，《文学论》由香港昭明出版社出版了——至此，读者才得以粗窥李广田文学观的大致全貌。出版的这部《文学论》实际只是原书稿的上卷，即“总论”部分。好在“总论”部分自成体系，可以单独出版。

《文学论》的出版引起了评论界和读者的热情关注。本书面世才一周，香港的《大公报》《新晚报》《快报》《明报》等报纸便发表了7篇评论文章。其中，梅子先生在《“独树一帜”的〈文学论〉》一文中评价说：“不但吸收了前贤的理论精华作为立论的指导，而且融进了自己的创作实践的经验结晶作为分析的参考。因而，时有鞭辟入里、不同凡响的意见，读来却又没有正襟危坐翻阅艰深高论的枯涩味，有的只是如同聆听智慧的老友聊起那饶有兴味的故事似的亲切感。”

一篇题为《李广田的〈文学论〉》的文章（作者融民，载香港《大公报》1983年1月3日）指出："《文学论》迟至今天才面世，自然是一种遗憾。笔者无意在此硬说它的问世有什么重大的意义，但是，当年从这部讲义中得到启发，知道了新观念，看清了新路向的人一定会同意这样的一句话，即：这部《文学论》是很突出地表现了作者一贯的正派理论风度和明晰而尖锐的理论慧眼的……《文学论》对于今天有志走进文艺理论大门的读者，还有另外的吸引力，第一是它演绎和归纳的自然；第二是它举例的丰富和广博；第三是它用语的质朴无华、明快流利。读本书的中间三章，这个吸引力特别强烈，那个八十来字的最终的文学定义，像水到渠成、瓜熟蒂落似地出现在我们面前时，我们闭起眼睛也能轻而易举地把它由头到尾复述一遍。"

另一篇题为《李广田遗著（文学论）历尽沧桑上卷终面世》（作者文扬，载香港《新晚报》1982年12月30日）的文章特别强调说："近几十年间唯心或机械唯物论是那样的横行，回过头来接触包含批判性的具有丰富资料而寓深刻观点的《文学论》，不禁又顿生一种新鲜（三十年前的东西本来并非新鲜）和亲切之感……我相信《文学论》的理论价值和出版价值会将紧随我国文学发展进程而日益明显的。"

对《文学论》的价值和在文艺理论界中的地位，香港文学史家司马长风先生这一段评价最有代表性——

"实是新文学诞生以来，谈文学创作最有系统的书。"（见《中国新文学史》（下）第30章"漩涡里的文学批评"，香港昭明出版社1978年版。）

《创作论》写于1944年，出版时为1948年9月。并在初版仅4个月后，1949年1月即再版。在当时社会动乱的环境中，许多人或无心思，或无时间，或无条件读书，可此书销路竟如此之快，可见读者反应之热烈。

不难看出，李广田"应当建立一种严正的文学批评"的实践努力和用心倡导，不仅得到了评论界的赞许，也得到了读者的广泛认同。

从李广田的《创作论》《文学枝叶》《文艺书简》《论文学教育》等6部文学论著中，人们发现，李广田对文学的基本问题有着明确的认识和明晰的论述，形成了自己的较完整的文学观。他的这些观点，对中国现代文艺理论是自有一番贡献的。

李广田的这6部文艺论著，都写成于40年代。当进入50年代以后，李广田承担了繁重的教育行政领导工作，他把主要的精力都贡献给了他毕生热爱的教育事业，以致无法分出多少时间和精力来继续做文学理论研究，这亦成为当代文艺理论界的一件憾事。

# 重返云南

1952年10月，李广田受命担任云南大学副校长。他曾在昆明度过了抗战的艰苦岁月，经历过反内战、要民主的斗争风雨。如今，他以一位新中国和新生活建设者的身份，重新踏上了这块边疆的土地！从此，在他生命的最后16个春秋里，他再也没有离开过这块土地！他用满腔的热情和纯真的事业心来办好学校，他竭尽全部心血，用诗人的炽热感情办教育。1957年李广田升任校长，1962年反右倾时又被错误批判，降为副校长，但他对党的教育事业仍一片赤诚，不计较个人得失，质朴谦逊，以事业为重。

李广田还分出了一些精力进行少数民族民间文学的整理与研究工作，并做出了令人瞩目的成绩。他重新整理了撒尼人叙事长诗《阿诗玛》，并担任中国第一部宽银幕电影《阿诗玛》的文学顾问。

## 谱写云南大学的“教育诗篇”

1952年下半年，教育部根据“以培养工业建设人才和师资为重点，发展专门学院，整顿和加强综合性大学”的方针，以华北、东北、华东为重点进行全国高等院校院系调整。至年底，全国已有四分之三的高等学校进行了院系调整和专业设置的工作，清华大学改为多科性高等工业学校。

在院系调整中，组织上安排李广田调到云南大学任副校长，任命书是由中央人民政府主席毛泽东亲自签发的。当时，云南大学校长由云南省人民政府副省长周保中兼任，调李广田任副校长，主持学校日常工作。李广田不讲条件，不计较边疆的艰苦，心情愉快地接受了。在这之前，山东大学校长杨振声曾约请他去山大任副校长，他也表示，只要组织同意，他乐意去。

李广田是热爱教育工作的。他曾说过：“我对于教育工作、文学工作是从不厌倦的，我愿意终生献身于此。”而现在，他为了搞好党的教育工作，宁愿把文学工作放弃了。有些同志为他放弃了文学工作还感到惋惜。在中宣部里，当时任文艺处长的丁玲就对部领导周扬说：“把李广田弄去做校长很可惜。”可李广田自己不以为然，还积极物色人才一同去办好云南大学。当时，郭良夫原定与叶丁易、邢公畹一道赴苏联讲学。李广田曾找到郭良夫，要他讲学回来后去云大做教务长。郭答应了，后来因故未去成。

此时刚解放不久，云南边疆各方面的条件都还很艰苦。有人劝他不要去了，可他的思想准备很充分，他坚定地说："我们做共产党员的不去，谁去呢？"在与老朋友臧克家谈起此事时，他坦率地说："当然，我是不愿意离开北京的，可是组织上的分配，我愿意服从。"正当他愉快地整理行装，准备到边疆去的时候，女儿出来和他唱对台戏了。她不走，坚决不离开北京。李广田笑着对心爱的女儿说："大家都愿在北京，谁去建设边疆呢？爸爸也愿留在北京呵！将来还是有可能再回北京的，等我们把边

云南大学李广田故居（张维　摄）

疆建设得和北京一样的时候。”

金菊飘香的十月，李广田携妻女飞到了阔别五年的昆明。他曾在这里度过了抗战的艰苦岁月，经历过反内战、要民主的斗争风雨。如今，他又回来了！以一位新中国和新生活的建设者的身份，重新踏上了这块边疆的土地！从此，在生命的最后16个春秋里，他再也没有离开过这块土地！他用满腔的热情和纯真的事业心来办好学校，他竭尽全部心血，直至最后付出生命。

50年代初的云大学生，都还记得第一次见到李校长的情景——一个秋高气爽的下午，全校同学集合到运动场开会。距运动场入口处不远的地方，站着两个中年人。其中一个身着一套藏青色中山装，一副敦厚、朴实的面容。他仔细地注视着每一个经过他身旁的学生，不断地向大家点头微笑，向同学们倾注着深沉的情和爱。这就是新调来的李广田副校长。当同学们向他热烈鼓掌时，他也不时举手示意。同学们都从心里感到，这位新调来的副校长和蔼可亲，待人平易。而教师们呢，有很多人是怀着一种忐忑不安的心情来欢迎这位党员教授与诗人的。因为李广田刚调到学校遇上的主要任务，便是领导全校的思想改造运动。很快，大家这种不安的心情就消失了。人们发现李广田熟悉高校教育工作，理解高校知识分子，能认真执行党的方针政策，对知识分子能平等相待，推心置腹，诚恳亲切，热情帮助，重才华，重团结。由于李广田热诚细致的工作和全校教师的齐心协力，云大的思想改造和教学改革搞得扎扎实实，卓有成效，从云大分出独立建院的工、农、医三个学院的院系调整工作也处理得周到妥帖。在实际接触中，大家都深感李校长具有诗人、作家和教育家的气质，交口称赞他用诗人的炽热感情办教育的精神。

的确，李广田对党的教育事业一片赤诚，非常热爱，倾注了全部感情。他常勉励大家要向杰出的无产阶级教育家徐特立、吴玉章二老学习，要继承和发扬他们为革命育英才的献身精神。在这方面，李广田身体力行，为大家做出了榜样。他担负着繁重的行政领导工作，却不以为苦，反以为乐。大至方针政策，小至学生写作中的病句错字，他都过问操心。他严于律己，宽以待人，尊重同志，谦虚好学。他的笔记本上记得有会议记录、报告传达、各系师生人数、学生情况，甚至还有学校的占地面积、食堂状况等。他到生物系的热带作物场检查工作后，还在笔记本上工整地记下了“1斤蓖麻有280颗”这样的常识问题。他亲自了解大量的实际情况，无论大会做报告，还是小会的发言，他都从不要秘书代笔。

尽管烦冗的行政事务，占去了他不少时间和精力，但是他抓教学却抓得很紧，经常深入课堂，听教师们讲课，倾听学生意见，参加教研室的活动，掌握教学动态的第一手情况。他经常在和同学们的简短接触交谈中，言简意深地鼓励、鞭策大家。有一次，他来到会泽院3楼听政治系的课。他悄悄走进教室，坐在最后一排，听得很仔细，很认真，边听边在笔记本上记下一些东西。下课后，他和在阳台上观赏周围景色的同学们亲切交谈，询问大家的学习和生活情况。他问道：“你们是搞理论的，现在读《资本论》没有？”同学回答：“现在课程太紧了，读大部头巨著没有时间。”他便语重心长地说道：“你们现在有这样好的学习机会和环境，就要抓紧时间刻苦学习。要锲而不舍，持之以恒。每天不要读得太多，一天七八页，日积月累，积少成多，时间一长就很可观了。”同学们听了都很感动。

有时，同学们喜欢清晨在大门通向会泽院的那95级台阶上比赛谁上石阶上得快，借以锻炼身体。李广田见了很高兴，勉励大家说：“是的，干什么工作，都要有一个健康的身体。希望你们加强体育锻炼，把身体练得好好的，将来好好为人民服务，成为国家栋梁之材。”他还经常教育同学们，要热爱祖国，对党忠诚，要有远大理想和抱负，要学好为人民服务的本领。当时的不少同学就是牢记着李校长的这些谆谆教诲走上为人民服务的工作岗位的。

李广田还十分重视、发挥学有专长的老教授、老学者的积极作用，重视对青年教师的培养。到云大任职不久，了解了教师队伍的情况后，李广田就主动采取措施，支持著名国学教授刘文典的研究工作，专门拨出房间为他成立了杜甫研究室，不仅从校图书馆调出一大批有关图书专供他研究用，还为他配备助手。此外，李广田还请学术造诣极高的刘文典为中文系青年教师“开小灶”——每周都为他们讲一次课。这些措施，对帮助青年教师提高业务水平、在学校倡导学术风气，都起到了积极作用。

李广田热爱教育事业，热爱师生，大家也由衷地敬爱他。1953年的最后一天，元旦晚会开始了，大课堂里张灯结彩，挂满了各色纸花彩条，五颜六色的小灯泡发出绚丽的光彩。悠扬悦耳的音乐声中，人们翩翩起舞，一片欢乐喜悦的气氛。临近零点了，李广田精神抖擞地阔步走上台去。他刚站定在松柏万年青与幽香的腊梅之间，零点的钟声便响起来了！李广田用铿锵有力的声音向全场宣布：

“欢送1953年，迎接1954年的到来！——新的一年开始了！”

话音刚落，鞭炮声、锣鼓声和欢呼声汇成一阵阵巨大的声浪，仿佛会把房顶都掀起来似的。当李广田走下台时，男同学们马上簇拥上去，将他架得高高地绕场一周。女同学们从四面八方将彩色纸屑向他头上、身上撒去，有节奏的掌声、欢呼声响成一片，李广田激动得热泪盈眶，嘴唇微微地颤动着。当一些教师和同学拥上前去争着与他握手贺年时，他竟言语顿塞，再也抑制不住心中澎湃的激情，两行热泪滚了下来……这是何等崇高的荣誉呵！只有真正忠于党的教育事业的人，才配领受师生们这样发自内心的如此尊敬与爱戴！

1956年8月上旬，李广田到北京参加高校部分院、校长和教务长座谈会，讨论解决学生负担过重和培养独立思考、独立工作能力问题，着重研究“全面发展，因材施教”，在教学中贯彻“百家争鸣”的问题。9月，审干以后，李广田光荣地当选为党的八大候补代表，列席了党的八大。他感到非常幸福，更感到是一种鞭策。他看到一个十几岁的少先队员伫立在路边向八大车队敬礼，心中很感动，始终忘不掉这崇高的敬礼，一年后他在《寄红领巾》一诗中如此流露心声：“一年的时间已经在劳动中飞过，红领巾的光彩还在我眼前闪烁，每当我回想起这一幕景色，我就要日日夜夜地埋头工作。”这也是李广田立下的誓言。他的确也是这样做的！为了党的教育事业，他忘我地日日夜夜埋头工作着。

看着他这样全身心地扑在教育事业上，人们都说：“李校长是一个苦干实干的教育家，不像一个诗人了。”文艺界的朋友也为他没有时间搞创作表示惋惜，可是他自己却丝毫不以没有时间从事文学创作为憾，而是以献身教育事业为殊荣。他在1958年初写作的《教育诗》中自豪地吟道：

请不要责怪我没有创作，
我的创作很多很多，
我写下了教育诗篇，
用了我们党的教育政策。
……

我创作了这样的诗篇，
我歌唱的就是“青年”，
他们今年来了，过几年又离开，
每年每年，都翻过新写的一篇。
我的诗句多么嘹亮，
我的篇幅多么宽广，
我的诗不能在诗刊上发表，
因为它容不下这样的重量。
正如你们诗人一样，
我的工程也是创造灵魂，
我的任务很重，也很光荣，
我愿意以此终身。

这首诗不同凡响，洋溢其中的那种执着的、献身党的无产阶级教育事业的豪迈精神，激动了众多教育工作者的心，强烈地引起了他们感情的共鸣。这是一首普通的劳动之歌，也是一首唱给教育工作者的赞歌，令人鼓舞，催人奋进。实际上，李广田也正是从造就人才就是光荣的“创作”这一观点出发，而千方百计地团结了广大师生员工，一道来谱写这部伟大的“教育诗篇”的。在他和同志们共同努力下，云南大学的“教育诗篇”谱写得有声有色。

以教学为主，深入教学第一线，是李广田的工作重心。校务委员会中的青年教师代表、中文系秘书张文勋因工作关系，与广田校长接触的机会较多，参加过多次由广田校长主持的制订教学工作计划会。在这些会上，李广田都特别强调要保证教学时数，提高教学质量，教师上课要写教学计划和教学大纲，教研室要检查，还要检查听课、课后讨论。平时，李广田和一些教学管理人员也经常深入教室突击听课，掌握教学一线的情况。张文勋1956年从北大进修回来不久，给中文系四年级学生讲授“文学理论”课。一天，张文勋走进教室后，看见广田校长坐在第一排听课，心情不免紧张。不过很快他就镇定了下来，按照事先已认真备课的内容讲课，并穿插进行一些课堂提问，整堂课不但秩序很好而且很活跃。下课后，广田校长满意地微笑着对他说：“很好，很好！”得到广田校长这样的鼓励，张文勋日后搞好教学的信心更强了。李广田对青年教师不仅是在事业上尽力帮助培养，而且在生活上也是多方关心爱护，不少青年教师对这方面都有共同的感受。

在教职工的印象中，“广田校长是位严于律己、勤奋工作的实干家”。从1956年起便开始在校长办公室担任秘书多年，后来又担任办公室主任的金宗佑是最了解李校长的，多年后说起当年的李校长——“他总是每天按时上班，工作起来精力充沛，有永远使不完的劲。一进办公室，就忙着处理一天的事务，不是那种一杯茶、一张报纸的干部。他有个习惯，每天早晨进办公室，就把一天要做的工作写在一小张便条上，如开什么会、通知谁参加、会议内容、何时找谁谈话、急需处理的事等等，交代得清清楚楚。办公室人员按便条安排办事很方便，工作效率高。他心中总想着工作，理解下级上报材料的心情，在审阅下级单位送来的报告时都随报随阅、及时处理，很少积压。他对工作始终充满信心，他的信心来自于他经常深入基层调查研究。一有空闲他就到各系了解工作情况，到教室随班听课，接触教师学生，虚心听取他们的意见，这样他不仅掌握了第一手材料，而且还指导基层工作。每周一次的办公会上，各处室的负责人汇报工作、研究问题时，因他心中早已有了一、二、三，总能针对各处室存在的问题提出解决办法。"

李广田还很注重勤俭办学。他带头在工作中不讲排场，生活中不搞特殊。他与寸树声副校长共用一间办公室，摆设简陋，办公桌还是新中国成立前的老校长熊庆来用的旧桌子，两套一共能坐10来个人的旧沙发也是规格不统一、颜色不相同的。

1957年，李广田被正式任命为云南大学校长。这一年，我国发展国民经济的第一个五年计划胜利完成，各地教育事业均有很大发展。在"双百"方针的鼓舞下，李广田又提笔开始写诗了。他以真实的感情和朴实的文字，先写下了《试放三首》——《一个人》《一句话》《一棵树》。

其中，《一棵树》借大树的形象为喻，唱出了教育工作者的心声："最幸福是硕果累累，这时候我从不感到吝惜。最羞于满身浮华而空无所有，想夸耀自己年轮的，就不要在地球上站立。”“我必须每年生长一些新东西。日日夜夜，我都渴求着血液的更替。我不知道我什么时候可以休止，因为我自己并不属于我自己。”读着这样的诗句，我们似乎听到了诗人——同时也是忠诚的教育工作者——那个坚强的、美的灵魂在谦逊地、自诫式地倾诉心曲。

## “不怕花落去，明年花更好”

“渴求着血液的更替”，视“自己并不属于我自己”地忘我工作，正是李广田的突出优点。1958年，“大跃”进开始了。他那严重的脊椎炎刚好一点，便满腔热忱地带领师生奔赴州县参加“大战钢铁铜”的群众运动，积极投身到教育大革命的实践中去。他身先士卒，一点不搞“特殊化”，和学生一道坐在货车车厢里，与农民同吃、同住、同劳动。他深有感触地对同学说：“我们知识分子就是要和工农相结合，贯彻教育方针。过去我们肩不能挑，手不能提，现在，你们这些大学生能挑能提，能写文章，能炼钢铁，这是教育史上的创举呀！”

在实践中，李广田满怀激情地写下了许多歌唱社会主义事业、歌唱大跃进的诗篇，结集为《春城集》出版，这是受到了“大跃进”的鼓舞和群众冲天干劲的激励而写成的。从《汉园集》到《春城集》，中间跨越20多年。《春城集》标志着李广田诗歌创作的一个新阶段，引起了文艺界的广泛注意。这是李广田创作上一次新的丰收。不过，这个集子中较多的诗作也存在有太松散、不够精练的缺点，这与时间紧、写得匆忙、诗人要求自己不够严格以及受当时流行诗风影响等因素有关。

李广田还盛赞当时群众写诗赛诗的“诗街”说：“真是千古盛事，真是千古盛事！过去赛诗，联句，往往是士大夫阶级和骚人墨客的事，今天连小脚老太婆也来赛诗，我们的国家真成了诗歌的海洋了。”他也像有所领悟似的对友人、云南省文联副主席李鉴尧说：“诗人，就是普通人，就是真正的人，就是劳动着的人，战斗着的人！”

后来，随着观察的深入，李广田对“大跃进”和教育革命中的一些问题逐渐有所觉察，有所思考，为此感到疑惑，产生了一些看法，他心直口快地表示了自己的看法。当看到学校劳动太多，教学质量下降时，他批评说，这样下去会“把云南大学办成云南小学！”他对当时校党委主要领导人起劲地搞“大破资产阶级法权”“拔白旗”“交心”运动，整知识分子的粗暴做法表示不满，说这是“用精神的棍子打人”，“打在他们身上，疼在我的心上”。他还批评历史系：“你们的伟大创举是什么？是叫刚入学的新生苦战三昼夜，编三年级的世界史讲义。这不叫破除迷信，解放思想，这叫误人子弟，谋财害命！”在校党委常委整风学习会上讨论“陆良事件”

时，针对陆良农村干部违法乱纪造成严重后果时，他说了“干部可恨，农民可怜”“农村问题影响极坏”等话。当几位党员老教师被迫承认自己是“资产阶级知识分子”时，他责问他们：“你们几个随风倒哟！周总理1956年就代表党中央正式宣布过，我国知识分子的绝大多数‘已经是工人阶级的一部分’，你们几个共产党员怎么也成了资产阶级？”

因为这些光明磊落的直言，在1959年的“反右倾斗争”中，李广田被错误地定为“右倾机会主义分子”，予以降职处分，由校长降为副校长，撤销党委常委职务，只保留党委委员，并分工由他管伙食，不管教学了。1960年是国家经济困难时期，要办好伙食是相当困难的。但李广田还是想尽一切办法改善生活，账目做到日清月结。他自己还到学生食堂参加一些劳动，了解同学对伙食的意见。也就是这一年，高治国调到云大主持工作，任党委第一书记。高治国认真执行党的知识分子政策，逐渐采取了一系列调动知识分子，尤其是调动老教师的积极性的措施。他放手让李广田抓教学和行政，鼓励李广田大胆工作，发挥主动性，并在各种情况下支持李广田工作。

事情很明白，李广田定为“右倾机会主义分子”是一个典型的错案。1961年下半年中央监委认为李广田的问题应该甄别。云大党委根据云南省委的布置进行甄别。但会上有人提出，李广田参加历史系党员大会，听到有人检查自己没当好党的驯服工具，他当场说过这样的话——

“什么工具，又不是桌椅板凳！”于是，把这件事作为李广田对自己的错误缺乏认识的依据，甄别便未得通过，还维持原结论。李广田反而又被批了一通，处境更为不妙。李广田对女儿说：“你看，爸活了半辈子，还没学会说谎话！”这话包含的感情是复杂的。

但他并没有消沉下去，该怎么抓工作他仍照样抓。一次，他去听中文系青年教师李从宗（后任中文系系主任）的“亚非文学”课。李从宗初上讲台，比较紧张。当他目光扫视台下，发现李校长坐在学生当中，就更惶惑不安了，连背熟了的讲稿也开始记不大准确了。李广田似乎觉察到他的慌乱，便放下笔记，摘下眼镜，向他投去亲切而镇静的目光。这目光里，有鼓励，有信任，有支持。然后又埋下头去用心做笔记，俨然是一个遵守纪律的“学生”。此情此景，令李从宗很感动，并促使他镇定下来。他尽力控制住自己，顺利地讲完了这一节课。下课后，李广田微笑着对李从宗说：“上课，首先要大胆，要镇静。既要心中有人，又要‘目中无人’，全身心地进入你讲授的内容之中，不要左顾右盼。当然，也应当锻炼自己，敢于面对自己的学生，和他们取得感情上的交流……”一席话说得李从宗茅塞顿开，第二节课他就镇定多了，紧张的情绪消除了。他甚至敢把目光对准台下，从学生眼里探询讲课的效果。他同时发现，李校长的目光里，似乎有一种掩饰不住的赞许的微笑……

1962年初，扩大的中央工作会议上，毛泽东对甄别错误处理的干部问题做了明确指示。中央监委看了云南省委上报的李广田的材料后提出：定为“右倾机会主义分子”的证据不足，应予纠正。于是，李广田得以平反，恢复了党委常委职务，但鉴于学校已有正校长，故他的校长职务未予恢复。

甄别平反了！戴了三年的“右倾”帽子终于摘掉了！李广田心情舒畅，精神振奋。他感到党始终是信任自己的。他对共产主义事业的信念不是削弱，而是更加坚定了。他工作的劲头更大了，更具体更细致地抓教学，常常深入课堂，到各系听教师讲课，听学生的课堂讨论，同学生讨论问题，经常参加教研室的活动。他还精心组织教学经验交流会，从出题目、审查发言稿，到主持开会、插话引导，他都很认真，一丝不苟。他特别重视师资培养工作，既热心又严格，亲自查看青年教师的进修计划，发现要求较松的，便找本人谈话，热情进行批评帮助。为了促进青年教师的外语尽快过关，他亲自出题，亲自主持考试，人们称之为“殿试”，一时间传为美谈。大家都说：“李校长是用诗人的热情来办大学的。”

更难能可贵的是，甄别平反后，李广田一点不“翘尾巴”，总是以事业为重，质朴谦逊，不计较个人得失。

甄别平反，也给李广田恢复了不少文学的兴味。1962年4月，李广田一气呵成，写下了《花潮》《山色》《不服老》《同龄人》及《或人日记抄》等五篇散文，发表在《人民日报》《人民文学》等报刊上，抒发了他这个时期的舒畅心情。其中，尤以《花潮》名噪一时。这个时期，党和国家正在贯彻“调整、巩固、充实、提高”的方针，全国开始出现了欣欣向荣的局面。李广田个人的问题，也得到正确解决。他感到社会主义祖国“春光似海，盛世如花”，再也抑制不住激荡的心潮，妙思泉涌。他借记写昆明圆通公园赏樱花的情景，纵情描绘春光，讴歌如花似锦的新生活，讴歌创造新生活的人们，充分表达了对祖国的热爱之情，表达了“不怕花落去，明年花更好”的乐观信念。《花潮》像鼓点似的敲响了时代的节拍，像颂歌似的激荡着人们革命的情操，引导着读者去领略生活的本质，去寻找生活中的美，最后将读者引向崇高的思想境界中去。《花潮》可称为李广田后期散文的代表作。

《不服老》和《同龄人》两篇散文是反映教育战线的真人真事的。为了表扬先进，树立标兵，定立“教育诗篇”的基调，李广田分别以数学系毕生从事教育工作的一位老教师和在校长办公室工作了30多年的一位老工人为生活原型，真诚地表达了对同志的笃厚感情和对先进的推崇之心。这两篇散文对学校广大教职员工产生了莫大的鼓舞和不小的推动力量。

假若李广田沿着《花潮》《同龄人》等几篇散文的创作路子继续大步走下去，那么，这个时期肯定又将成为他散文创作的新的丰收期。他此时的心情舒畅达观，经历了多次磨炼之后，思想更趋成熟。他文思勃发，雄心不减。他在自己的“写作杂记”中已草拟好一个相当可观的写作计划，有的文章都拉出了详细构思的框架。可惜，繁忙的教育行政工作使得他竟无法挥笔把这些已构思成熟的东西形成文章。倘若李广田能按写作计划完成，那我们将又能读到何等朴实真挚、亲切感人的美文佳作！我国散文园地又将平添多少风姿！遗憾啊，自《花潮》等五篇散文问世之后，翘首以盼的读者就再也没有读到朴实浑厚的李广田散文了。

## 重新整理《阿诗玛》

《阿诗玛》是彝族支系撒尼人流传久远的一部优秀口头文学作品，早在新中国成立初期，就引起了文艺工作者的注意。1950年，杨放在昆明的一份刊物《诗歌与散文》9月号上，发表了他搜集整理的《阿诗玛》片断。1953年，朱德普在《西南文艺》5月号上发表了他搜集整理的300行的《阿诗玛》。同年，昆明军区京剧团的金素秋、吴枫把《阿诗玛》改编为京剧上演。接着，在云南省委宣传部的重视和领导下，省文联组织了“云南人民文工团圭山工作组”深入路南县圭山地区近三个月，不辞劳苦地搜集到在撒尼群众中口头流传的《阿诗玛》原材料20份。后由黄铁、杨知勇、刘绮、公刘四人根据这些原材料整理出撒尼民间叙事长诗《阿诗玛》，于1954年7月由云南人民出版社出版（以下称为原整理本）。《阿诗玛》原整理本的出版，显示了撒尼人民口头创作的天赋和丰富想象力，对各民族民间创作的发掘整理，是一次有力的推动。

《阿诗玛》出版后，在受到文艺界和广大读者热烈欢迎的同时，也收到了各方面对整理工作提出的不少相当中肯的意见。并且，随着时间的不断推移，随着全国、全省民间文学工作的不断发展，原整理本自身存在的弱点和不足，也较多地显露了出来。

1959年，云南省委宣传部请李广田承担重新整理的任务。对此委托，李广田感到责无旁贷。出于对少数民族民间文学的关心爱护，他不顾腰病未愈，毅然挑起了重新整理《阿诗玛》的担子，并视之为“一次很好的学习”。

在原整理本的基础上，李广田认真阅读了20份《阿诗玛》的异文，反复体味原材料的诗句，努力掌握撒尼人民原诗的调子，并参考各方面对原整理本的批评意见，融合进自己的意见，花了半年左右的时间，完成了任务。重新整理本受到了省委有关部门、文艺界和广大读者的好评。

李广田在重新整理时对原整理者成绩做了公正的肯定，对原整理本优点和不足的看法也提出了中肯的见解。在李广田为重新整理本所写长达12000字的序言中，第一部分首先便是对原整理本及原搜集、整理者的工作成绩的一再肯定。李广田强调说，原整理本的出版“曾经引起各方面的重视，特别在整理民族民间文学方面，发生过很大的影响”；“云南省人民文工团圭山工作组的这一工作是很有意义的，是值得热烈欢迎的。通过他们的劳动，流传在撒尼人民口头上的这部长篇叙事诗才能和广大读者见面，才能使我们进一步认识到我国少数民族的口头文学是这样丰富、这样瑰丽”；尽管有人对原整理工作提出一些批评意见，“但原整理本的成绩无论如何是必须肯定的”。

接着，他又具体地指出了原整理本主要的三方面成绩：

第一，原整理者在突出主题思想以及为了突出主题思想而运用原材料进行较为完整的安排上，“是作得相当好的，是基本上符合于撒尼劳动人民的愿望的”。

第二，“原整理本在塑造人物形象特别是塑造阿黑和阿诗玛的形象上，应当说是相当忠实的。”

第三，原整理本中，这部撒尼劳动人民优秀的口头创作“特有的艺术风格基本上还是被保留了下来的”。

对于原整理本的不足之处，李广田也在序言第二部分直率指出：整理本的缺点是不少的。就其比较明显的而言，大致有以下几点：

1. 阿黑的射箭斗争是《阿诗玛》中的一个重大情节，“原整理本的处理是不够恰当的”。

2. 原整理本的尾声“无端地引进一个诗卡都勒玛，意思是为了增加一些什么，实际上却是造成了混乱，破坏了艺术的完整，也降低了在思想感情上应有的深度，是一种劳而无功的‘创造’”。

3.“总感到整理本中少了一点什么，同时又多了一点什么。少了点什么呢？恐怕就是撒尼劳动人民口头创作的艺术特色。多了点什么呢？恐怕就是非撒尼劳动人民口头创作的气味。”整理者凭了自己的“灵感”而“过火”地做了一些“创作”，和不顾生活真实的“大胆”改动，“是不足取的”。

上述是非分明、实事求是的分析评价，使人们不难看出李广田严肃认真的科学态度和正直诚恳的为人，以及对艺术的热爱和对民族民间文学的责任感。而更难能可贵之处还在于，在当时的历史条件下，李广田能不顾自己“右倾机会主义分子”的处境，不怕“右派”的“牵连”，甘冒风险，仗义直言，其勇气和品质是感人的。

如果说，李广田在原整理本的分析评价上是有胆有识的话，那么，他在《阿诗玛》的重新整理上，则是有苦有劳的。

为了做到“不要由于重新整理而使之与原作相去太远，而是要与之比较接近”，李广田流下了辛勤的汗水，花费了相当的功力，在全长1800多行的原整理本上修改达250多处。这些修改大体可分为三类：

一类是重大情节的修改。比如，原整理本“射箭”在“打虎”之前，李广田根据原材料和各方面的批评意见，把“射箭”移到了“打虎”之后。射箭斗争是整部长诗的一个重大情节。按照民族风俗习惯，祖先桌是任何人不准冒犯的地方；把箭射到祖先桌上，是某种意义的决斗，是其他冲突不可相比的。当年对原整理本认真研究并评论过的孙剑冰认为："故事全部情节的发展揭示给我们，只有经历了这种斗争，巴拉家才肯放阿诗玛跟她哥哥一块回去。既然回家的路已经打开，再节外生枝，就是多余的了。能够离开巴拉家的时候还不马上动身，与阿黑和阿诗玛的性格也是不符的。"（见孙剑冰《〈阿诗玛〉试论》，1957，《文学研究集刊》第三册）

李广田也认为，把射箭斗争放在打虎之前，"从各方面看，都不大合理，也显得无力"。不过，把射箭改为打虎之后，究竟是否为最恰当，尚值得做深入的探讨。因为虎是撒尼人的图腾，打虎似亦应属于全诗矛盾冲突的最大高潮。并且，在原材料中有一份是先射箭后打虎的，还有十份是根本无射箭情节的，另有七份虽是射箭在打虎之后，但情节的发展又不同于原整理本的结局。看来这是一个复杂的问题。因此，李广田自己也在序中指出这个问题供研究者参考："原整理本把射箭斗争放在打虎之前似乎也有一定的理由。这个问题究竟应如何解决，还需要进一步深入研究。"

另外，原整理本关于射箭斗争只写了短短四行：

拉弓射出三箭，
人没到箭先中大门。
三支箭都钉在热布巴拉家

大门、供桌、堂屋上。

对这个写法，李广田觉得，“这不但太简单，文字也有点生硬”，使阿黑的三箭减色了。而原材料中有的本来写得很出色，有三箭合写的，也有三箭分写的。李广田参照原材料，改为每射一箭都有一段描写，篇幅也适当加长了。这样一来，在进一步揭露了热布巴拉一再要花招的阴险狠毒的同时，也一层进一层地绘出了热布巴拉节节失败的狼狈相，并越来越深刻地揭示了阿黑和阿诗玛的性格。

重新整理本关于“射箭”的如此改动，形式上好像是重复了，实际上却显得叙述自然而刻画有力。如此的重复渲染，使得这里的三箭，与“马铃响来玉鸟唱”一章中的三次问路，以及阿黑同热布巴拉家的三次比赛，在节奏上前后呼应。这不仅充分表现了阿黑与阿诗玛的反抗斗争精神，而且更富于民间文学作品的艺术表现手法，使长诗充溢着一种回环的节奏美。

另一类是删掉原整理者不顾艺术完整而大胆“创作”的重大情节。

如“回声”一章中，原整理者运用另一个关于诗卡都勒玛（即应山歌姑娘）的民间传说，“大胆加以改造”，加进了30多行诗使“回声”部分出现了一个与原作很不相称的近似喜剧的收场，造成了混乱。李广田把这一部分全删掉了。

也是这一章里，原整理者还“制造”了一个湖，并描绘了一番。这是任何一份原材料中都没有的，客观上形成一种有损艺术完整的效果。李广田将“湖”这部分也删除了。

第三类是属于字句上的增补、删削、恢复和修改的。

根据原材料增补的，如兄妹回家的路途中，增加了阿黑说：“哥哥像一顶帽子，保护妹妹，盖在妹头上。”妹妹说：“妹妹像一朵菌子，生在哥哥大树旁。”

这又是一个很好的情节，“是撒尼人自己的东西”，它把兄妹之间的深厚感情比喻得很贴切，把哥哥对妹妹的爱护、妹妹对哥哥的依恋之情都极生动地表现出来了。可惜原整理本没有用上，李广田将它从原材料中找出来补充用上了。

又如“马铃响来玉鸟唱”一章中，在三次问路之后，李广田每次都增加了一节或两节诗，更充分地体现了人民对阿黑的同情和支持、阿黑追赶阿诗玛途中的艰难、阿黑的勇气和决心以及阿黑对阿诗玛的感情。

删削的地方，主要是一些与原诗的艺术格调不协调、不合拍或现代化、知识分子化了的诗句。李广田认为：“这种现代知识抒情的调子对于撒尼人民口头创作的那种朴素美简直是一种严重的破坏！高尔基说：‘真实和朴素是亲姊妹，美丽是第三个姊妹。’这些由整理人‘创作’出来的东西，既不真实，也不朴素，所以也就不美。”诸如“哪怕黑牢冰一般冷，阿诗玛的心能熔化冰”“太阳呀！怎么觉不着你的温暖？月亮呀！怎么感不到你的光辉？”等一类表现现代知识分子感伤情调和沉思冥想的东西，李广田都把它们删改了。还有许多小一些的属于字句上的不恰当的地方，李广田也细心做了修改、润饰。

另外，原材料中有一些很好的诗句，原整理本没有用，或改写了，李广田又斟酌上下文的关系，或根据原来的生活真实都予以恢复，尽力保持原作的民族特色。如阿黑放羊回家后，看见家里乱糟糟的情况，问妈妈："我家场子里，酒瓶丢满地下"，仍恢复为"我家场子里，酒瓶像石林"。又如原材料中说阿诗玛的头发"梳得像落日的影子"，这是有生活真实做基础的描写，可惜原整理者却改为"头发闪亮像菜油"，重新整理本也按原材料恢复了。

综观李广田重新整理时所做的修改、删削，不难发现，他确实看准了原整理本的主要缺点：对《阿诗玛》的民族风格和历史特点有相当的忽略，而用汉族的、个人的、现代化的东西去代替原来的东西。这一点，用李广田的话来说，即是："总感到整理本中少了一点什么，同时又多了一点什么。"所以，他所有的修改、删削、恢复、润饰等工作，都是为克服原整理本的这个主要缺点而做的。事实表明，重新整理本与原作是比较接近的，李广田在整理实践中努力遵循了自己强调的"尽量忠实于原作"的原则。

那么，重新整理本是不是就尽善尽美了呢？当然也不是，它也还有其不足之处：第一个问题便是它在分行的形式上，仍然没有脱出原整理本那一套四行诗的窠臼。而从汉译采录稿看来，原作的分行比较自由，似乎没有固定的行式（至少也是多变化的）。第二个问题是，通观重新整理本全文之后，仍然可以发现，现代化了的一些词句或提法并没有剔除得那么干净，少数地方仍有生硬之感。究其原因，恐怕主要的还是（这也是李广田自己都意识到了的）“没有再到撒尼人中间去做进一步的调查研究”，因而较少感性认识，对撒尼人民的民族性格、风俗习惯、生活方式等各方面的情况还谈不上很“熟悉”，很“了解”。

不过，上述缺点并不影响《阿诗玛》重新整理本作为一个较为成功的整理本陈列在我国少数民族民间文学优秀作品的书架上。这些缺点的存在，只能说明——李广田自己也这样说——“这不是最后的定本，要使这部光辉的撒尼叙事诗趋于完善，还必须进行很多工作！”

李广田花费了相当功力，付出了辛勤劳动的重新整理本出版了，可是他坚持不署自己的名字，出版时的署名是“中国作家协会昆明分会重新整理”。出版之后，李广田坚持不要稿费。有关单位曾先后三次将稿费送到门上，但他坚持分文不取，请有关单位将稿费转赠给阿诗玛的故乡——路南的撒尼人民作为文化活动经费。

在整理和研究民族民间文学中，李广田严肃认真，呕心沥血，讲究科学态度。在多年来整理、研究民族民间文学的过程中和注重发掘民间文学的意义、特点、价值等问题的基础上，李广田逐渐形成了自己的民族民间文学整理观。

这一“整理观”共包含三个基本观点：

第一，他认为，“调查、整理民族民间文学，确是一种意义重大的事业”，既关系到贯彻党的民族政策，又很有助于整理者的提高。

第二，整理工作中对待原材料的正确态度是什么？——这是一个关系到尊重不尊重少数民族的问题，是任何一个整理者进行整理工作时首先就要碰到的问题——李广田的回答是：“我们应当尽量忠实于原作。”

第三，李广田认为，整理少数民族的口头创作，特别是整理像《阿诗玛》这样的一些长篇叙事诗，“不进行比较充分的科学工作是不行的，不认真学习是不行的”。各少数民族的民间口头创作，都有它自己长期形成的民族风格，这是任何时候都不能忽视的。从这一角度出发，甚而可以说：“风格即民族。”

李广田对这个问题有深刻的理解，他说：少数民族的劳动人民“生活着，斗争着，梦想着，创作着，他们是富有诗的才能的，他们不但善于歌唱，善于编织美丽的故事，而且在每个章节里，每个诗句里，每一个声调里，每一个比喻里……都渗透着他们本民族的特色”，民族民间文学整理者“越能深入群众，越能忠实于原作，就越能保持原作的风格”（以上引文见李广田《阿诗玛·序》重新整理本，云南人民出版社1960年版）。

而整理者假若“稍有不慎”，或者“主观主义一被放纵”，那就会使整个作品失掉它原有的声音和颜色，造成艺术上的很大损失。

就“怎么样才能较好地保持着原作的风格”这一问题，李广田提出了下面要求：

“要深入生活；

要懂得民族的传统、习俗、情感、语言；

要熟悉民族的各种文艺作品；

要进行专门的研究，并不断地总结工作经验；

不要把汉族的东西强加到少数民族的创作上；

不要把知识分子的东西强加到劳动人民的创作上；

不要把现代的东西强加到过去的事物上；

不要用日常生活中的实际事物去代替或破坏民族民间创作中那些特殊的、富有浪漫主义色彩的表现方法。”（见李广田《阿诗玛·序》重新整理本）

这样一些要求，实际上是个常识问题，但是，不少人在整理工作中往往注意不够，以致造成原民族口头创作的艺术价值的损失。所以，即使在重新整理《阿诗玛》已过去半个世纪后的今天，李广田提出的这些要求仍值得引起民族民间文学整理工作者的重视。

李广田在20世纪50年代提出的这些整理民族民间文学的理论和指导原则，受到国内外学术界的认同和重视，对民族民间文学领域的文学理论建设具有深远的意义，对云南文艺事业乃至全国的文艺事业的发展，特别是少数民族文学的发展起到了重要的推动作用。多年后，李广田重新整理的撒尼人长诗《阿诗玛》，被评为中国20世纪“百年优秀图书”之一，一直成为中国民族民间文学整理工作的一个范本。

云南人民出版社 1960 年版《阿诗玛》

李广田在民族民间文学的研究、整理方面做出的成绩引起了各方面的关注，其中以重新整理彝族支系撒尼人长诗《阿诗玛》的成绩最为突出，赢得了专家和广大读者的好评。之后，李广田又应邀担任了中国第一部彩色宽银幕电影《阿诗玛》的文学顾问。

可是，让李广田和所有人都想不到的是，当“文化大革命”的风暴来临时，重新整理《阿诗玛》和担任电影《阿诗玛》文学顾问的成绩，竟然成了李广田的一大“罪状”！

# 命运多舛

史无前例的“文化大革命”刚开始，李广田便被当成反党反社会主义分子批判。他做梦也没有想到，自己会首当其冲地成了“靶子”。接着，李广田就被“隔离审查”。从此，无休无止的侮辱和伤害便接踵而来，对他的批斗逐渐升级，挂黑牌，游校，体罚，拷问，拳打脚踢……

李广田渴望着真理，呼唤着真理！可是，在那凄风冷雨的日子里，何处去讲理？真理在何方？

1968年11月2日，惨遭迫害的李广田，满怀冤愤沉水自尽，以生命为代价表达了对“四人帮”的强烈控诉，把生命定格在62岁，定格在他曾深深热爱过的云南大地上……

## 山雨欲来风满楼

1964年底，李广田带领中文、历史两系的师生到大理参加“社会主义教育运动”。全体人员在大操场集合乘车出发，临行前，李广田恳切地分头嘱咐20多部汽车的驾驶员说：“同志，请千万要注意安全，他们是国家的宝贵财产啊！”每部车子他都嘱咐了一遍，同学们心里很感动——多好的老校长啊！可是，李广田却不知道，在出发前，已经有一个党委副书记对一些党员做过这样的布置交代：“李广田是反党反社会主义分子，因为他积极肯干，忘我劳动，不计个人得失，所以暂时不划不整，让他下去锻炼。”

在农村里，李广田努力向贫下中农学习，认真改造世界观，被誉为“活雷锋”“老雷锋”。师生们称赞他身为教授、作家、大学校长，能和贫下中农打成一片，工作很有成绩。贫下中农群众夸赞他没有架子，平易近人，办事认真。

第二年9月，李广田带队返回学校。准备开展文科半工半读的工作。他一回校后，就被责令检查文艺思想和教育思想。以后又于1966年初被责令在党员系主任学习会上，“带头”做关于文艺思想与教育思想的检查。会后，由专人根据李广田的发言整理了材料，并将材料上报省委。一场罗织人罪的政治陷害就此开始。

1966年5月16日，中共中央发布《中国共产党中央委员会通知》，宣告史无前例的无产阶级“文化大革命”的号角正式吹响了。

而在此之前几天，5月10日，云南大学校内便已突然贴满了声讨李广田的大字报。第二天，全校召开声讨邓拓、吴晗大会，会上高呼口号：“揪出云大的小吴晗！”接着，工作组进驻云大，有人说：“闭起眼睛划李广田的反党反社会主义分子也不会错！”

李广田做梦也没有想到，他会首当其冲地成了“靶子”。他更不可能知道，江青早已点了他的名，说“要干掉西南的几个烂文人！”于是，李广田那早已甄别平反过的所谓“右倾机会主义分子”的问题又被重新翻了出来，甚至连党内审干时他写的自传材料也被抛了出来；他重新整理的《阿诗玛》也被宣判为大毒草；又有人对他的《花潮》《或人日记抄》等几篇散文作品进行无限分析，断章取义，上纲上线，罗织罪名。

6月24日，对李广田的批斗正式开始了。从此，无休无止的侮辱和伤害便接踵而来。7月19日，《云南日报》头版头条便是“揪出反党反社会主义分子李广田！”此后《云南日报》多次在头版通栏标题“打倒反革命修正主义分子李广田”之下，发表《李广田是周扬修正主义文艺纲领最忠实的执行者》等重量级文章发难，批判李广田。学校内也多次逼迫李广田写读了这些文章之后的思想认识。李广田多次在材料中表示：“我坚决相信党，相信群众，此外，没有别的想法。”

接着，李广田就被“隔离审查”。一开始“隔离”这段时间，让他一人单独住在学校卫生科中药房楼上的一间小屋里，由家里人每天三餐给他送饭。看他身心疲惫，精力很差，家里人心疼地每餐多给他做了两个菜，早餐送一碗糖煮鸡蛋。可是住在卫生科的一个中文系学生病号看到“反革命修正主义分子”还每顿有肉有菜有汤，就愤然地写了一张“勒令”的大字报贴在李广田住的中药房小楼门口，每个过往的师生都能够看到。这个学生还勒令李广田当着好多人的面大声读出这张大字报的内容：“李广田：竖起你的狗耳听好，从今天起，你的猪食只能每天吃两顿，每顿只能一菜一汤。如有违反，革命群众将砸烂你的狗头！”李广田的人格受到了莫大的侮辱，家属也不敢违反，每天只敢送两顿饭，每顿饭一菜一汤。李广田常常就着一菜一汤啃个馒头打发掉一餐。

对李广田的批斗越来越升级，挂黑牌，游校，体罚，拷问，拳打脚踢……什么手段都用过来了。此外，批斗其他人的时候，李广田也都被拉去陪斗。批斗时，那些造反派们颠倒黑白，随意罗织罪名。李广田1948年在清华大学掩护地下党员梁朋躲避敌人搜捕这件事，也被诬蔑成“和刘少奇一样的内奸行为”。一些不明真相的人粗野地用鞋底抽李广田的嘴巴，让他挂牌罚跪，围着操场弯腰跑圈，李广田差点被打死。一次，在大课堂斗争李广田时，中文系女学生张美莉因迟到便受到“革命群众”的围攻，当天张美莉即服毒自杀了。

这究竟是什么世道呀！

不开斗争会的时候，造反派便逼迫李广田没完没了地写检查，交代所谓的反党反社会主义的种种“罪行”，包括“依靠老知识分子的错误”“和工农干部的关系问题”“对反右倾斗争没有‘消化干净’的问题”“工作中没有学解放军政治挂帅的问题”“不允许工农学生不及格就升班的问题”“关于民族文学专业的设置及整理少数民族文学遗产问题”“文艺思想问题”“有关电影剧本《阿诗玛》的问题”等等。

9月12日，李广田被抄家封门。14日，被打入学校自设的“劳改队”监禁“劳改”。在那些“红色恐怖”笼罩全国的日子里，李广田受尽了凌辱和折磨，过着非人的生活。他面容枯槁，骨瘦嶙峋，身心备受摧残。然而，刚直成性的李广田并没有趴下。“劳改”期间，在一次打麦场晒麦的劳动中，他瞅准一个机会悄悄地对妻子王兰馨说：“活下去，活下去！咬紧牙关活下去！”李广田平常被禁闭在破旧的东宿舍二楼一个单独的小房间里。到了星期天，有时看守他的人会把李广田锁在屋里，自己外出逛街看电影，王兰馨便偷偷地利用这种机会去看李广田，但只能隔墙谈话，语音不清。李广田又因太激动，话也说不全，正是“人人喜过星期天，反被锢锁受熬煎。趁得无人偷探望，隔墙低语语难全。”（王兰馨：《哀悼广田同志》中的诗句）

李广田被隔离审查居住的房间（二楼右第一间）

一次，李广田的小外孙忽雷生病住院，病愈后李广田要求看看忽雷，获得允许。王兰馨带着忽雷去看他。当时忽雷刚一岁，见楼下有鸡，学了一声公鸡叫给外公听。这一声“鸡叫”，令李广田肝断肠裂，日后竟最怕听到鸡叫。

下雨天，道路泥泞难行，李广田还在被强迫劳动。有一次，身体很虚弱的李广田跌得一身一脸都是泥，可监督他的人不但不拉他一把，竟然还拍手大笑说：“哈哈！跌死你这老鬼！”真是丧尽天良！

尽管处于如此艰难的境遇之中，李广田并没有绝望。他是非自知，心中愤愤不平，仍用自己所能采取的方式进行着不屈的抗争。当看守逐渐放松了的时候，李广田自己刻写油印《控诉书》亲自散发，抗议对他的政治迫害，驳斥对他的作品的诬蔑诽谤。

《控诉书》写了四个方面的内容：关于文艺方面的问题；关于教育方面的问题；他们是怎样从上而下把我抛出来的？他们的最终目的是什么？李广田在《控诉书》

中无畏地写道："一小撮人对我进行政治迫害，无中生有，颠倒是非，造谣诬蔑，强加于人的，就要实事求是地加以说明，这是我对党和人民应尽的责任。"散发《控诉书》时，他愤怒地对熟人说，"简直是不讲道理！叫人不能忍受！我写了声明，我要到处张贴！""宣判《阿诗玛》是封资修毒草，抹杀了阶级斗争，我看不是，把阿诗玛抢回来了嘛！说《同龄人》丑化了工人阶级，真是黑天冤枉！"李广田不在邪恶面前低头，不说违心的话。他尊重事实，据理力争。

两个多月后，他又写了一份《云大党内斗争概况》的材料，秘密送出去请人代为刻印散发，要揭开云大党内斗争的内情，并对少数阴谋分子表示了无比义愤。

又一个多月后，李广田给学校斗批改办公室写了一封信，强烈要求办公室责令少数阴谋分子"彻底交代迫害我的罪行，他们应详尽地具体地向群众交代，使全校革命群众明白真相，他们妄想混过这一关是办不到的！"他在信中特别强调："当在大课堂斗争我的时候，中文系学生张美莉因迟到而受到围攻。当天张即服毒自杀。袁胡之流是怎样欺骗和蒙蔽群众对张美莉进行围攻的，他们应当对一个青年学生的死负全部的责任！"

1968年2月，李广田已被关押了一年半。他在这个月26日写的发言稿中这样说道："我被拘留达一年半之久，那是地地道道的监狱生活，使我精神上受到极为残酷的迫害。由于长期孤立，我几乎失去了说话的能力，当我一个人被关在那小小的牢房里的时候，我想试着唱一唱《东方红》，但我已经唱不出声音，我没有声音了。我心里有千言万语说不尽，但我终于活过来了。”

李广田渴望着真理，呼唤着真理！

可是，在那凄风冷雨的日子里，何处去讲理？真理在何方？

## 含冤辞世

1968年，是全国“文化大革命”“夺取全面胜利”的一年，不断传来特大喜讯，不断传来领袖的“最高指示”。八、九月间，红色电波又传来了“清理阶级队伍，一是要抓紧，二是要注意政策”的最新最高指示。“走资派”和“牛鬼蛇神”们心头多少掠过一丝暗喜，以为问题总有解决的希望了。殊不知，造反派过多地注意在“要抓紧”三个字上面下功夫，为进一步表明他们的彻底革命精神和坚定的无产阶级立场，对“走资派”和“牛鬼蛇神”的批斗越来越频繁了。今天斗甲，明天斗乙，今天这个部门拖去批斗一通，明天那个系拉去批斗一场。而不管哪里批斗谁，李广田却总是少不了的批斗对象。他不是被主斗，就是做“陪斗”。迫于形势的压力，有人与他“彻底划清界限”，有人对他“口诛笔伐加武斗”，却没有人敢关心他，没有人敢安慰他……

李广田得到的，只是一次又一次的体罚，一次又一次的侮辱。他被折磨得神形委顿、目光呆滞。面对无休无止的批判和斗争，面对无穷无尽的诬蔑和中伤，已步入62岁的李广田日感心力交瘁了……

11月1日，在“夺取全面胜利”的进军声中，又传来了震撼全国的“特大喜讯”：“大叛徒、大内奸、大工贼刘少奇被永远开除出党！”全国上下一片沸腾。一头蓬乱长发、憔悴的李广田的眼神更茫然了。

接着，11月2日上午，又传来了“解放军毛泽东思想宣传队”第二天将进驻云大的通知，要求学校全体革命群众第二天早上八时半在大操场列队欢迎军宣队。当天下午，后勤部门的造反派又组织开了一次批斗会，李广田又首当其冲地被批斗，还有人痛快地打了“走资派”李广田几耳光……

拖着沉重不堪的步子回到自己那间小黑屋后，李广田一个劲地抽烟，留下了很多烟头。晚八点多钟，后门的门卫看到李广田慢慢地步出了校门……

出云大后门是环城路，路对面是云大的内农场，有几十亩田地，还有几座堆放农具的小仓库。出内农场的小后门是一条铁路。铁路北侧不远处有一个不大的池塘，叫莲花池，方圆也不过五六百米。池水不深，岸边有少许杨柳，池中有些浮萍水草。据说明末清初吴三桂的爱妾陈圆圆就在这里投湖自尽。铁路南侧，斜对着莲花池不远处有一个小一些的水塘，叫沙塘。沙塘方圆也不过三四百米，沙塘东边不远有一些农户的房子。

11月3日一早，有路过沙塘的农民发现水中有人，连忙唤人打捞起来，已是一具僵硬的尸体。脚上的鞋子已经掉了，双脚全是污泥，一蓬长发倒过来遮住了半边脸。旁边有人认出这是云大的校长李广田。

有一位名叫母师迪的大学生11月3日这天早上曾目睹现场，多年之后他以《李广田投水处置疑》为题，撰文记述了自己当天所见所闻的情况，发表在2001年12月18日的《春城晚报》上。他说："30多年过去了，怀着对李广田先生极其尊敬的感情，我把当时的所见所闻记录下来，作为资料，以供研究或参考"：

李广田先生是我父亲济南一中和西南联大的老师，出事的那天早上我在现场逗留的时间较长，有必要将当时情况提供于世，尽一个耳闻目睹者的责任。

以当年昆明工学院的大门为起点，沿着火车铁路向北走七八十米，在铁路南侧的一个方圆三四百米的水塘叫沙塘。再由此沿着铁路走七八十米，在铁路另一侧的一个方圆五六百米的水池才叫莲花池……

1968年11月3日早，昆明师院、昆明工学院、云南大学的广播喇叭里此起彼伏地在播放着永远开除刘少奇党籍的新闻。全师院都在等着工人、解放军毛泽东思想宣传队进驻，一时无事。读外语系的我带了一本书准备找一个幽静的地方去读。大约9点钟我出了师院后门，沿铁路走到沙塘，只见铁路边的窄窄的空地上一些人正在围观一具尸体。尸体和铁道线平行摆放，上面盖着一条草席，只露出了一点点。围观者中有人说，是刚捞起来的，是云大的李广田。有人问，枯水季节沙塘水这么浅，咋个还淹得死人。又有人答曰，瘦老倌了，几口水就呛得死，可可怜怜哟！当天下午，李广田跳莲花池死了的消息就传开来了，而我本人讲起来则一直认定那水塘是莲花池附近的沙塘。”

李广田，这耿直的山东硬汉，就这样满怀冤愤地结束了自己的人生历程，把生命定格在了他曾深深热爱过的云南大地上。他以生命为代价表达了对“四人帮”的强烈控诉。他没有给家属留下一纸便条，也没有留下一句遗言。还说什么呢？还有什么可说的呢？……

呵，20世纪一个正直的中国知识分子的艰难历程！

# 尾　声

“天若有情天亦老，人间正道是沧桑！”

1976年10月6日，“四人帮”覆灭了！在李广田被迫害致死的八年之后，中国人民经过艰苦卓绝的斗争，付出了巨大的损失和代价，终于将“四人帮”牢牢地钉在了历史的耻辱桩上。

历史功罪，自有人民评说。

1978年，党和人民正式为李广田平反昭雪，恢复名誉，做出公正评价。8月28日，云南大学党委为李广田举行隆重的平反昭雪暨骨灰安放仪式。全国政协副主席钱伟长和云南省有关领导亲自参加了骨灰安放仪式。云南大学礼堂挤满了前来悼念的各界人士，人如潮涌，唁电不绝。发来唁电，送上花圈的有教育部、文化部、全国文联、中国作家协会、全国及云南省各高校、文化单位，有近百位全国著名人士，还有云南大学历届的很多校友和不少校外人士。当年西南联大的学生王景山、赵少伟也以西南联大文艺社社员名义发来唁电，送上花圈。悼念的花圈摆满了大礼堂四周，放了一层又一层，并一直延伸摆到了礼堂外面；挽联、挽诗、挽幛挂满了大礼堂里面的几道高墙……人们以各种方式对著名教育家、散文家、诗人李广田表示沉痛缅怀和深切的悼念。

云南省文联副主席李鉴尧的如下一段话充分表达了与会者的心声。他在参加了李广田的追悼会后，写下了《他行走在这里的山色花潮之中——怀念李广田同志》一文，在文章中他深情地这样说道：

在哀乐声中，我向他的遗像告别，当我缓步走出灵堂时，猛地想起了他在《花潮》中引用过的龚自珍的两句诗："落红不是无情物，化作春泥更护花。"广田同志不幸而早逝，他已经化作春泥，但他为人的品格，他留给我们的诗文，不是还在为后来的人们提供养料吗？

李广田同志是山东人，但他的晚年却是在云南度过的。他是泰山的儿子，又是西山的儿子，他好像和云南的山水草木结下了不解之缘，他对云南劳动人民和文艺界的同志们有着深厚的情意。我们听见云南大学清晨上课的钟声会想起他，看见滇池边西山美丽的景色会想起他，每逢圆通山的"花影怒于潮"时会想起他，每逢圭山石林中传来"阿诗玛"的回声时会想起他。他虽然已经离开了我们，但我仿佛觉得他仍然在这里的山色花潮中行走着，吟唱着。

1980年11月20日，最高人民法院成立特别法庭，对祸国殃民的江青、姚文元、王洪文、张春桥“四人帮”进行公审。至1981年1月25日，特别法庭江华庭长宣读了长达15000余字的最高人民法院特别法庭判决书。这是正义的宣判、历史的宣判！人民的历史翻开了新的一页！《判决书》中特别列举了被他们迫害致死的全国九位著名教授，李广田为其中之一。

1982年5月20日，中共中央组织部正式通知李广田家属，将李广田骨灰送往八宝山革命公墓安放。

李广田的死，有力地揭露了“四人帮”专制主义的狰狞面目，激发了人们向专制主义进行斗争的勇气和信心！李广田的死，在告诫着善良的人们，那种“宁赴湘流，葬于江鱼之腹中。安能以浩浩之白，而蒙世俗之尘埃乎”的屈原式的悲剧，再也不能在中国大地上重演了！

2006年10月1日，是李广田百年诞辰。9月28日下午，云南省作家协会在昆明召开纪念会，隆重纪念李广田百年诞辰。云南省委副书记丹增和省委常委、省委宣传部部长晏友琼出席纪念会，省文联、省作协、云南大学等单位负责人，省内作家、学者和李广田的亲属、生前友好、学生参加了纪念会，并踊跃发言，表达对李广田的深切缅怀之情。

次日，李广田为之辛勤服务过16年的云南大学隆重举行李广田百年诞辰纪念会暨《李广田百年诞辰纪念文集》首发式。云南省人大常委会、省政协、省社科院、省社科联、省文联、省作协、省民间文艺家协会等机构的负责人，来自省内外文学界、教育界的嘉宾，研究李广田的专家、学者，与云大师生代表一道深情缅怀李广田治教、治校、治学为师的品格及风范。

云南大学党委书记卢云伍在会上致辞说：今年是广田老校长诞辰百年，云大人对老校长一直怀着深深的敬意和无尽的思念。广田校长是我国著名的文学家、教育家，先后担任云大副校长、校长，为云南大学的发展做出了不可磨灭的贡献。他是20世纪中国的一位杰出知识分子，富有令人持久颂扬的人格魅力和文学才情，历尽风霜，文华锦绣。我们为云大有这样一位老校长而备感骄傲。

云南大学吴松校长撰写了《缅怀广田校长》的万言长文，纪念广田老校长。他在文章中动情地说："一个人的命运，往往决定于国家的命运和民族的兴衰；一个人的生存状况，与一个时代的生存状况紧密相连；一个人的精神状态和生活境遇，必定反映和折射其所处时代的精神状态、文化生态和社会福祉。命运多舛的广田校长，留给我们的不仅仅是无尽的哀思和深深的悲伤，还有关于个人与时代命运之无限的联想。对于所有从'浩劫'年代中走出来的人来说，所要做的不仅仅是对先贤的缅怀和对劫难的控诉，还应该或多或少有着发自本心的反省或忏悔。勇于对灵魂进行无情的拷问，才能真正昭示过去的责任和担当起未来的责任。我们今天缅怀广田校长，当承继他的风范，学习他的精神，将他为之付出了智慧、深情、心血乃至生命的云南大学办得越来越好，开创更新更高的境界。”

如今，在云南大学本部，“李广田故居”于2003年便由省政府公布为“云南省文物保护单位”。在云南大学的呈贡新校区，一条宽敞的主要大道被命名为“广田路”。在李广田曾热情讴歌过的昆明圆通公园那片樱花潮的大道入口处，公园管理处特意立了一块石碑，以表达云南民众对李广田深深的敬意和怀念之情。石碑正面镌刻着李广田的散文名篇《花潮》（节选），背面镌刻着“李广田小传”。

时光在流淌，在今后的漫漫岁月里，无论是在李广田的第二故乡云南，还是在他的家乡山东，无论是在中国的教育界，还是在文学界，人们都不会忘记这位“大地之子”、著名散文家、诗人和辛勤谱写“教育诗篇”的优秀教育家……

# 参考书目


1.《李广田文集》，山东文艺出版社1983年版。

2.张维：《李广田传》，云南大学出版社1990年版。

3.李岫：《岁月、命运、人——李广田传》，人民文学出版社2006年版。

4.《地之子　教育诗——李广田百年诞辰纪念文集》，云南大学出版社2006年版。

5.张维：《浅谈李广田的文学观》，《文艺美学与文化》，云南大学出版社2002年版。

6.张维：《李广田的民族民间文学整理观及其实践》，《思想战线》1991年第6期。